Kevin tiene buer
experimentado la
e insípida. ¿Cuále
lugar correcto para empezar a disfrutar de la comunión con Dios
a través de la oración. Después de todo, si luchamos, Dios nos
está llamando hacia Él... ¡Él ha transformado nuestro corazón para
anhelar anhelarlo en oración! En este libro, Kevin nos muestra cómo el evangelio transforma
la manera en que vemos la oración. ¡Es liberador! Con su ayuda
podremos disfrutar el hermoso privilegio de elevar nuestras voces
al Padre con confianza y gozo.

—**Ana Ávila**, escritora sénior, Coalición por el Evangelio; autora,
*Aprovecha bien el tiempo: Una guía práctica para honrar a Dios con
tu día*

Una guía de oración muy relevante y muy aplicable. Creo que a
través de este libro, Dios te ayudará a superar tus luchas y a aprender a disfrutar la oración como uno de sus dones más preciados.

—**Tim Challies**, autor, bloguero y crítico de libros, www.challies.com

No es fácil escribir sobre un tema sobre el que ya se ha escrito tanto,
pero *Cuando orar es una lucha* es realmente un recurso que da una
nueva y fresca perspectiva sobre la vida de oración del creyente.
Kevin Halloran es tan honesto y práctico que estoy seguro de que
cualquiera que lea este libro se sentirá animado a orar en medio
de las luchas que todos tenemos en esta área tan importante. Las
dudas en nuestro propio corazón y las interminables distracciones
para orar son los principales obstáculos que este libro reconoce
para animarnos a hacer cambios que fortalezcan y revitalicen nuestro tiempo con Dios. ¡Esto es un regalo de Dios para la iglesia!

—**Nathan Díaz**, pastor de enseñanza, Iglesia Evangélica
Cuajimalpa, Ciudad de México; productor, "Clasificación A"

Permíteme ser honesto: la reacción de mi corazón al ver otro libro sobre la oración es que preferiría pasar más tiempo orando que leyendo sobre ello. Sin embargo, mientras leía *Cuando orar es una lucha*, sentía como si un amigo me estuviera guiando en un camino a orar más, a orar mejor, a orar hasta poder orar. Simplemente no podía dejar de leer más que para parar de manera regular y orar sobre una verdad en particular o con las oraciones al final de cada capítulo. Antes de comenzar, no era consciente de cuánto necesitaba la sabiduría de este libro. Más importante aún, ahora me siento motivado (y más preparado) para pasar más tiempo ante el trono. Y por eso estoy tan agradecido con el Señor por llevar a Kevin a escribir este libro.

—**Jairo Namnún**, director de coaliciones internacionales, Coalición por el Evangelio

Un resumen del principio y fin de la vida cristiana podría ser que "el justo por la fe vivirá" (Romanos 1:17). Y para una explicación de la esencia de esa vida de fe, no se puede encontrar una mejor que la de Calvino, quien escribe que "el ejercicio principal de la fe es la oración". Entonces, ¿qué hacemos los cristianos cuando luchamos para orar? ¿Significa que nuestra fe es inadecuada cuando esto sucede? La respuesta rotunda es no. Kevin Halloran, como compañero de lucha, identifica algunos de los obstáculos que enfrentamos para ejercer nuestra fe a través de una vida de oración, y nos guía sobre cómo podemos superar esas luchas. Este no es simplemente otro libro sobre la oración; más bien, pretende ser una ayuda impulsada por el Espíritu para fomentar y nutrir la oración. Recomiendo que primero leas el libro en oración mientras reflexionas acerca de las preguntas sobre cada uno de los obstáculos para la oración que aborda. Y luego te animo a que hagas lo mismo con otro cristiano o en un grupo pequeño. En la bondad del Señor, que este libro sea usado para dar el fruto de una vida de oración en sus lectores.

—**Gregory C. Strand**, director ejecutivo de teología y acreditación, Evangelical Free Church of America; profesor adjunto de Teología Pastoral, Trinity Evangelical Divinity School

La oración es un desafío para mí, como lo es para la mayoría de los cristianos, probablemente porque no logramos sentir plenamente cuán dependientes somos de Dios. El libro de Kevin Halloran ofrece una sabia combinación de reflexión teológica y ayuda práctica, las cuales tienen la intención de ponernos de rodillas en oración a Aquel que nos conoce y nos ama.

—**Trevin Wax**, editor general, The Gospel Project; Autor, *Reconsidera tu identidad: El poder mirar hacia arriba antes de mirar hacia adentro*

Cuando orar es una lucha es verdaderamente una guía práctica que nos ayuda a conectarnos, o reconectarnos, con el corazón del Padre. Kevin comparte su propio viaje con honestidad mientras nos pide que consideremos nuestra relación con Dios y con los demás a través de la oración. Fui desafiado una vez más a orar la Palabra a través del estímulo de Kevin. Sus excelentes y estimulantes preguntas al final de cada sección nos ayudan a explorar el meollo del asunto. Útil, perspicaz y oportuno para cada uno de nosotros, y especialmente para el mundo en el que vivimos hoy. ¡Bien hecho, hermano!

—**Mickey Weston**, director ejecutivo, Unlimited Potential Inc.; ex lanzador de béisbol de las Grandes Ligas

cuando
orar
es una
lucha

cuando
orar
es una
lucha

**UNA GUÍA PRÁCTICA
PARA SUPERAR LOS
OBSTÁCULOS EN LA ORACIÓN**

kevin p. halloran

P&R PUBLISHING

P.O. BOX 817 • PHILLIPSBURG • NEW JERSEY 08865-0817

Library of Congress Cataloging-in-Publication Data

Names: Halloran, Kevin P., author. | Hinojosa, Rodrigo, translator. | Halloran, Kevin P. When prayer is a struggle.
Title: Cuando orar es una lucha : una guía práctica para superar los obstáculos en la oración / Kevin P. Halloran.
Other titles: When prayer is a struggle. Spanish
Description: Phillipsburg, New Jersey : P&R Publishing, [2023] | Summary: «Si te cuesta orar, ¡anímate! La lucha revela un deseo de orar, y Halloran muestra cómo abordar los obstáculos para la oración enfrentándolos de frente»-- Provided by publisher.
Identifiers: LCCN 2022029917 | ISBN 9781629958026 (paperback) | ISBN 9781629958033 (epub)
Subjects: LCSH: Prayer--Christianity.
Classification: LCC BV215 .H338518 2023 | DDC 248.3/2--dc23/eng/20220906
LC record available at https://lccn.loc.gov/2022029917

Para el pueblo de oración de Dios

"La oración de los rectos es Su deleite"
(Proverbios 15:8).

Contenido

Prólogo por Colin S. Smith   9
Introducción: La lucha es real   11

1. Olvido por qué orar importa   19
2. No sé qué orar   35
3. Me siento demasiado culpable como para orar   53
4. No estoy seguro de que Dios me escuche   65
5. Tengo motivaciones encontradas   79
6. No me puedo enfocar   93
7. Soy tan desorganizado   107
8. Estoy demasiado estresado   121
9. Estoy demasiado ocupado   137

Conclusión: La lucha vale la pena   153
Reconocimientos   157
Apéndice: Oraciones selectas de las Escrituras   159
Recursos sugeridos para profundizar
en la oración   163

Prólogo

En una escala del 1 al 10, ¿cómo calificarías tu vida de oración? Si es un 10, probablemente no necesitas este libro. En ese caso, ya estarás buscando a Dios con pasión, persistencia y persuasión en favor de tu familia, tu iglesia y tu mundo.

Este libro es para el resto de nosotros.

Ya que abriste este libro, supongo que no tienes un 10 y que estás interesado en obtener ayuda para tu vida de oración. No estás solo.

Uno de los privilegios y responsabilidades que tiene un pastor es reunirse con miembros de su congregación para ofrecerles ayuda práctica y aliento. Pero esto es lo que he descubierto al hacerlo: a veces, cuando las personas se reúnen con un pastor, no saben qué decir y terminan llenando el tiempo con conversaciones generales. ¿Cómo podría yo, como pastor, abrirles las puertas a una interacción que tenga un valor espiritual duradero?

Hace algunos años, diseñé una lista de temas que pensé que la gente querría platicar con su pastor. Escribí preguntas al frente de unos sobres y después los llené con tarjetas que ofrecían varias respuestas posibles.

Ahora, cuando me reúno con un miembro de mi congregación, a veces comienzo diciendo: "Tenemos una hora juntos, así que aprovechemos bien nuestro tiempo. Si tienes algo de lo que te gustaría hablar, podemos hacerlo. Si no, tengo algunas sugerencias escritas en estos sobres. Podrías escoger una que te interese".

La mayoría de las veces, las personas piden ver los sobres. Los asuntos que están escritos en el frente de ellos incluyen doctrina, evangelización personal efectiva, crecimiento en madurez cristiana, relaciones con otros creyentes y ministerio cristiano. Pero hay otro sobre que ha sido, sin duda, el más popular. Estimo que, a lo largo de los años, el 80% de la gente que ha visto los sobres ha escogido el que dice: "¿Cómo describirías tu vida de oración?".

Cuando abren este sobre y sacan las tarjetas, cada una contiene una palabra o dos que podrían describir la vida de oración de una persona: *Placentera, Trabajo duro, Valiosa, Irregular, Poco estructurada, Sin objetivo, Un fracaso.*

Es fascinante ver cómo las personas procesan estas tarjetas. Al ponerlas sobre la mesa, la mayoría de las personas pasan por un proceso de eliminación. "Bueno, no es un fracaso. Pero tampoco diría que es placentera...". Lo más común es que escojan dos de las tarjetas: "Irregular" y "Sin objetivo".

Las personas están buscando ayuda; y si tú eres una de ellas, este libro es para ti. Kevin Halloran ha reunido un tesoro de consejos sabios y prácticos que le añadirán profundidad a tus oraciones.

Kevin te ayudará a darle estructura y propósito a tu vida de oración. Te mostrará cómo utilizar cualquier sentimiento de fracaso que tengas para motivar, en lugar de limitar, tus oraciones. Este libro expandirá tus horizontes y te dará una nueva visión de cómo practicar la oración de manera más efectiva.

Que Dios lo utilice para bendecirte y animarte.

Colin S. Smith
Pastor principal, The Orchard
Presidente, Abre la Biblia

Introducción:
La lucha es real

"Todos luchan con orar. ¿Es posible siquiera una buena vida de oración?". Me arrepentí de esas palabras en cuanto salieron de mi boca. Yo sabía que tal pensamiento reflejaba una visión poco profunda de Dios, de Su evangelio y de la oración. Y, sin embargo, ¡acababa de soltarlas en frente de todo nuestro grupo de estudio bíblico! Evité el contacto visual con los demás por varios minutos, y reflexioné en lo que había dicho. Aunque sabía que mis palabras estaban mal, reflejaban lo que había sentido por mucho tiempo. Yo había tenido muchos altibajos en mi búsqueda de Dios por medio de la oración. Estaba frustrado. Un buen sermón o libro me animaba durante días o semanas, pero después regresaba al punto de partida y me sentía derrotado por obstáculos aparentemente insuperables. Yo había pensado que asistir al seminario o tener puestos de liderazgo lo solucionarían, pero fue en vano. ¿Por qué mi crecimiento en la disciplina de la oración siempre se terminaba apagando?

¿Alguna vez te has sentido como yo? Sospecho que tú también luchas con la oración si escogiste un libro con este título. Tal vez has seguido a Cristo durante años; amas Su Palabra y Su Iglesia. Pero cuando se trata de la oración, te sientes como un auto atrapado en el lodo. Haces un esfuerzo, pero tus ruedas giran y no avanzas. Sabes que Dios y la vida cristiana significan algo más, pero no estás seguro de cómo crecer en la oración. Sabes que la lucha por orar es real.

Pero ¿sabías que la lucha también es *buena*?

LA LUCHA ES... BUENA

Me escuchaste bien. Piénsalo: no luchas por hacer algo que quieres evitar. Por ejemplo, yo no lucho con el impulso ni de prenderles fuego a fajos de billetes que he ganado por mi duro trabajo ni de golpear a mi auto con un mazo. A veces, *sí* lucho con hacer ejercicio, aunque *deseo* estar sano. *Sí* lucho con administrar mi dinero con sabiduría, aunque quiero ser fiel a lo que Dios me ha confiado. De manera similar, todos luchamos con la oración porque *tenemos un deseo por orar*. Si no tuviéramos el deseo, no lucharíamos.

El deseo por orar no debe darse por sentado. Cuando el hombre se rebeló en el huerto del Edén, su pecado lo separó de la comunión con Dios (ver Génesis 3:8, 22-24). "Las iniquidades de ustedes han hecho separación entre ustedes y su Dios —escribe el profeta Isaías—, y los pecados le han hecho esconder Su rostro para no escucharlos" (Isaías 59:2). El apóstol Pablo dice algo similar: "Como está escrito: 'No hay justo, ni aun uno; no hay quien entienda, no hay quien busque a Dios'" (Romanos 3:10-11; ver también Salmo 14:1-3). En términos espirituales, existe un abismo infinito entre la humanidad pecadora y un Dios santo. Su rostro está escondido de los pecadores. Él no tiene que responder a tu oración así como tú no tienes que hacerle un favor a alguien que te ha traicionado.

Gracias a Dios, Él envió a Su Hijo Jesús para ser el puente entre la humanidad pecadora y Él mismo. La muerte de Jesucristo en la cruz ha hecho expiación por nuestros pecados (ver Romanos 5:8-10; Hebreos 10:12). Su resurrección nos justifica ante Dios el Padre (ver Romanos 4:25). Su ascensión garantiza que Él interceda por nosotros a la diestra de Dios (Romanos 8:34). Gracias a la obra de Jesús, Dios ha llenado a Sus hijos con Su Espíritu, haciendo que nuestros corazones clamen "¡Abba! ¡Padre!" cuando oramos (Gálatas 4:6) y dándonos el deseo de buscarlo y de honrarlo. Para aquellos que confían en Jesús y que se arrepienten de sus pecados, Dios el Padre ya no es inalcanzable; ahora, no solo somos capaces de orarle a Él, sino que, de hecho, Él es quien nos invita a hacerlo. Gracias a la invitación misericordiosa que Dios da a través del evangelio de Su Hijo, la oración es posible.

Esas son todas buenas noticias. Nuestra lucha por orar es buena porque revela que el Espíritu nos ha dado un deseo de orar. El problema surge cuando deseos rivales nos distraen de buscar a Dios. (También nos enfrentamos a un enemigo que odia cuando los hijos de Dios oran y que hará lo que sea por evitar que participemos en ese poderoso acto). A veces, estas luchas resultan de una falta de conocimiento: *¿De qué se trata la oración? Y ¿por qué debemos realizarla?* A veces, son asuntos del corazón: nuestro pecado o nuestro dolor nos hacen tropezar. Otras veces, simplemente necesitamos aprender maneras prácticas para poner por obra lo que ya sabemos.

EL FUNDAMENTO DE LA VERDADERA ORACIÓN

Veamos dos actitudes del corazón que son esenciales para una vida de oración genuina y creciente.

Fe en Dios

El obstáculo número uno para la oración es la falta de fe. Santiago 4:2 dice: "No tienen, porque no piden". Y no pedimos porque no creemos, ya sea en Dios o en la oración. "Sin fe es imposible agradar a Dios —escribe el escritor a los hebreos—. Porque es necesario que el que se acerca a Dios crea que Él existe, y que recompensa a los que lo buscan" (Hebreos 11:6). Mientras más participemos en actividades que fortalezcan nuestra fe, como leer la Palabra de Dios y tener comunión con el pueblo de Dios, más fácil se volverá la oración. La oración es el rebose natural de una fe creciente.

Amor por Dios

No cualquier tipo de fe agrada a Dios; incluso los demonios creen... ¡y tiemblan (ver Santiago 2:19)! La verdadera fe fluye de un amor por Dios. Cuando Dios el Padre nos invita a Sí mismo a través del evangelio de Su Hijo, nos convertimos en Sus hijos (ver Efesios 1:3-6). A medida que vivimos en obediencia amorosa a nuestro Padre celestial, experimentamos más de Él (ver Juan 14:21). Y a medida que experimentamos más de Él, crecemos en nuestro amor por Él, deseamos más de Él y, por lo tanto, oramos más. Por esta razón, *Cuando orar es una lucha* es un libro sobre la oración, pero también es un libro sobre toda la vida cristiana porque fuimos diseñados para amar y adorar a nuestro Creador, y la oración es una expresión esencial de devoción a nuestro Señor.

No puedes superar ninguna lucha en cuanto a la oración sin ambas cosas: *fe en Dios* y *amor por Él*. La fe es el aire en los pulmones de la vida de oración, y el amor es el palpitar de su corazón. No podemos avanzar en el camino de conocer a Dios orando sin aire en nuestros pulmones o sin sangre que corra por nuestras venas. Mantén en mente a la fe y al amor mientras caminamos por las nueve luchas que se presentan en este libro.

UN ENFOQUE DE MENTE, CORAZÓN Y MANOS PARA SUPERAR LOS OBSTÁCULOS

Hace un par de años, mi hermano Kenny me convenció de participar en una carrera de obstáculos. La idea era sencilla: corre cinco kilómetros y conquista un par de docenas de obstáculos en el camino. Mi hermano era un atleta consumado que había ganado muchas de estas carreras antes; yo era un novato cuyo objetivo principal era no morir. Él terminó la carrera como una hora antes de que yo empezara la mía, lo cual me permitió investigar lo que sabía sobre la pista y escuchar sus consejos antes de correrla yo mismo. La sabiduría que me compartió hizo que la carrera fuera más fácil y divertida para mí; evité errores de novato y enfrenté obstáculos retadores con la sabiduría de un veterano. (¡También me mantuve vivo!).

Espero poder orientarte para superar los obstáculos en la oración como mi hermano me orientó para superar los obstáculos en aquella carrera. No soy un sabio de cabello cano con todas las respuestas. Soy un hombre normal quien se dio cuenta de que luchaba con orar y emprendió un viaje en busca de una vida de oración más fiel y gozosa, rogándole a Dios por ayuda en el camino. También es cierto que soy solo un individuo, así que he incluido citas e historias de otros creyentes, tanto pasados como presentes, para mostrarte cómo han vencido sus luchas y crecido en su propio amor por Dios.

Mi motivación principal para escribir este libro ha sido mi creencia en que una vida de oración fiel, fructífera y gozosa está al alcance de todo cristiano. Dios me ha ayudado de maneras espectaculares, y sé que te ayudará a ti también. ¿Lo crees? Si sí, ¿me acompañas en este trayecto para considerar con atención y cuidado por qué que luchamos y cómo podemos encarar de frente esas luchas?

Juntos, seguiremos un enfoque de mente, corazón y manos a medida que

1. vemos cómo las verdades del evangelio abordan las luchas que enfrentamos en la oración (ya que la verdad bíblica es el fundamento sólido para una vida de oración);
2. diagnosticamos los problemas del corazón que nos impiden una oración verdadera (ya que nuestros corazones le importan a Dios); y

3. aprendemos cómo avanzar en la oración (ya que las mentes informadas y los corazones transformados aún requieren de ayuda práctica).

Creo firmemente que no se aprende a orar leyendo libros, así como no se aprende a andar en bicicleta escuchando clases en un salón; se aprende con la práctica.[1] Eso significa que, si te encuentras con el deseo de orar mientras lees este libro, ponlo a un lado y ora... ¡de eso se trata el libro! Por esta razón, cada capítulo también incluye una oración y preguntas para reflexionar.

Dios puede transformarte mientras lees este libro, y lo hará. No es porque este libro sea tan bueno, sino porque *Él* es tan bueno. Él es "poderoso para hacer todo mucho más abundantemente de lo que pedimos o entendemos" (Efesios 3:20). Lee este libro con oración. Léelo con humildad. Léelo con expectativa. Quizás te sorprenda cómo un poco de ayuda puede tener un gran impacto cuando es Dios quien la bendice.

ORACIÓN

Padre Dios, gracias por haberme llamado a ser parte de Tu familia en Jesús. Tú conoces mis luchas con la oración, mi falta de fe y mi falta de amor por Ti y por otros. ¡Ayúdame en mi incredulidad! Incrementa mi amor. Muéveme a ver el mundo como Tú lo ves y a ver la oración como un regalo de gracia de Tu mano. Dame convicción de pecado y guíame a atesorar la cruz cada vez más. Gracias por todo lo que has hecho por nosotros al hacer la oración posible y poderosa. En el nombre de Jesús, amén.

---

1. Tomé esta ilustración del Rev. Dick Lucas. Ver "Interview with Dick Lucas: Your Favorite Preacher's Favorite Preacher", WordPartners, 30 de noviembre de 2020, www .wordpartners.org/resources/interview-with-dick-lucas-on-expository-preaching -and-proclamation-trust/.

PREGUNTAS PARA REFLEXIONAR

1. ¿Alguna vez te has sentido atorado en tus intentos por orar, como un auto en el lodo con las ruedas que giran? Si es así, ¿por qué?
2. Explica en tus propias palabras por qué luchar con orar es en sí algo bueno.
3. Mira la tabla de contenidos de este libro. ¿Cuál de los nueve capítulos del libro piensas que necesitas más? ¿Cuál menos?
4. ¿Por qué son cruciales tanto la fe como el amor para crecer en la oración? ¿Qué sucedería si te faltara uno o el otro?

1

Olvido por qué orar importa

"Oro porque anhelo compañerismo con mi Padre. Oro porque me reduce a mí, a mis problemas y a otras personas a nuestro tamaño apropiado. Oro porque es la mejor manera de llevar el evangelio a lo profundo de mi corazón".
—Jack Miller, citado por Scotty Smith.

William Randolph Hearst, un fallecido editor de periódicos, coleccionaba grandes obras de arte. Un día, se enteró de unos tesoros artísticos de gran valor que quiso para su colección, así que envió a su agente a rastrear las obras. Pasaron meses sin éxito. Entonces, un día, el agente por fin encontró información sobre el dueño de las obras. Tras meses de espera, Hearst se sorprendió al descubrir que el dueño era nada más y nada menos que... *¡William Randolph Hearst!* Él había hecho un gran esfuerzo por obtener aquello a lo que ya tenía acceso. Se había olvidado de lo que ya tenía.[1]

1. Warren W. Wiersbe, *Be Rich: Gaining the Things That Money Can't Buy* [Sé rico: Obtener las cosas que el dinero no puede comprar], NT Commentary (Ephesians), 2nd ed. (Colorado Springs: David C. Cook, 2009), cap. 3, Kindle.

En nuestra vida espiritual, a menudo nos vemos plagados por una falta de memoria similar. A tantos creyentes se les olvidan las riquezas del evangelio que nos pertenecen en Cristo. Anhelamos algo que pueda satisfacernos de inmediato, pero nos olvidamos de Dios y de la oración y buscamos esa satisfacción en otros lugares. Esta amnesia espiritual nos hace vulnerables a muchas deficiencias espirituales.

Antes de que nos comprometamos demasiado con cualquier actividad, primero debemos entender el *porqué* detrás de lo que estamos haciendo. Los líderes empresarios se han dado cuenta de que los consumidores no comprarán un producto o servicio a menos que entiendan el *porqué* detrás él.[2] Cuando no tenemos claro *por qué* oramos, el *qué* (el contenido de nuestras oraciones) y el *cómo* (la manera en la que oramos) sufrirán.

NOTICIAS ASOMBROSAS Y CORAZONES OLVIDADIZOS

Por medio de nuestra redención en Cristo, tenemos una línea directa al cielo. Dios nunca envía a Sus hijos al buzón de voz ni rechaza sus llamadas. Y, sin embargo, ninguno de nosotros ora como deberíamos. Seguimos olvidándonos de orar y de por qué importa orar. Nos preguntamos si la oración funciona. No sentimos ganas de orar a menos que una prueba o una necesidad mayor nos fuerce de rodillas, y una vez que la prueba ha pasado o que la necesidad ha sido cubierta, regresamos a nuestro estilo de vida olvidadizo.

La oración a veces nos parece un punto molesto en nuestra lista de tareas, algo similar a pagar nuestras cuentas o usar hilo dental.

2. Ver la enseñanza de Simon Sinek en *Start with Why: How Great Leaders Inspire Everyone to Take Action* (Nueva York: Portfolio, 2009), publicado en español como *Empieza con el porqué: Cómo los grandes líderes motivan a actuar*, y su Charla TED titulada "How Great Leaders Inspire Action" ["Cómo los grandes líderes motivan a actuar"], filmada en Puget Sound, Washington, septiembre [2009], video, 18:34, 4 de mayo, de 2010, www.youtube.com/watch?v=qp0HIF3SfI4.

Nos vemos tentados a pensar en la oración en términos legalistas, como si nuestra aceptación ante Dios se basara solo en la calidad o en la frecuencia de nuestras oraciones. Otras veces, la oración nos parece aburrida y lenta en un mundo veloz de sonidos y de entretenimiento que ofrece gratificación instantánea. A veces, es el ritmo frenético de nuestras vidas lo que nos impide orar.

Estoy convencido de que toda razón por la cual nos vemos incitados a olvidar el *porqué* de la oración es el resultado de un asunto fundamental: nuestra falta de fe. Como dije en la introducción de este libro, no podemos agradar a Dios, ni orar de verdad, sin fe (ver Hebreos 11:6). Podemos pensar que estamos orando, pero, sin fe, recitar muchas palabras o balbucear frases familiares sin pensar no significa nada para Dios (ver Mateo 6:7).

Ahora que hemos hablado de por qué nos olvidamos de orar, avancemos hacia una de las preguntas más importantes que podemos hacer: ¿por qué debemos orar en absoluto?

¿POR QUÉ ORAR?

Cuando Jesús les enseñó a Sus discípulos a orar con lo que se conoce como el padrenuestro (ver Mateo 6:9-13; Lucas 11:2-4),[3] Él les dio a ellos y a nosotros la cuadrícula básica para el *qué* debemos orar.[4] Lo que tal vez no sepamos es que, en esta oración, Él también nos da siete razones de *por qué* debemos orar.

3. Estoy en deuda con diversos recursos por el material en esta sección: con la serie de sermones de mi pastor, Colin S. Smith, titulada "Six Things to Ask of God" ["Seis cosas que pedirle a Dios"] (The Orchard Evangelical Free Church, Arlington Heights, IL, 3 de mayo-7 de junio de 2020), disponible en línea en www.openthebible.org/series/six -things-to-ask-of-god/; con el enfoque de Juan Calvino del padrenuestro en sus *Institutes of the Christian Religion*, 3.20.34-49, publicado en español como *Institución de la religión cristiana*; y con la exposición de J. I. Packer de esta oración en "Learning to Pray: The Lord's Prayer" ["Aprendiendo a orar: El padrenuestro"], tercera parte, dentro de *Growing in Christ* [Creciendo en Cristo] (Wheaton, IL: Crossway, 1994).

4. En el capítulo 2, consideraremos con más detalle el contenido de nuestras oraciones.

En la traducción de la Nueva Biblia de las Américas en español de Mateo 6:9-13, el padrenuestro tiene tan solo cincuenta y seis palabras (cincuenta y siete en griego).[5] ¡Si viera una reseña de cincuenta y seis palabras de un producto que estoy considerando comprar, probablemente buscaría una más larga y de más ayuda! Y, sin embargo, estas sencillas palabras de Jesús proveen una perspectiva completa tanto de la oración como de la vida cristiana. El fallecido teólogo J. I. Packer nos dice: "El padrenuestro en particular es una maravilla de compresión y está lleno de significado. Es un compendio del evangelio (Tertuliano), un cuerpo de divinidad (Thomas Watson), un estándar tanto de propósito como de peticiones y, como tal, una clave para todo este asunto de la vida. Lo que significa ser cristiano en ningún lugar es más claro que aquí"[6].

Debemos ver la oración desde la perspectiva de Dios; Él es a quien oramos, y Su perspectiva es la única que importa. A medida que avancemos por las peticiones del padrenuestro, no solo veremos las razones de Dios para que oremos, sino que también le echaremos un vistazo al corazón que Él tiene por el mundo... y por nosotros. Él quiere utilizar esta oración para moldear tu corazón. ¿Se lo permitirás?

Ora porque Dios es tu Padre ("Padre nuestro que estás en los cielos")

La oración está flagrantemente centrada en Dios. La primera mitad del padrenuestro se centra en Él, lo cual es de vital importancia

5. Esto omite las líneas finales de Mateo 6:13, comenzando con las palabras "Porque Tuyo", ya que estas no aparecen en los manuscritos más antiguos.

6. Packer, *Growing in Christ* [Creciendo en Cristo], 136. Aprecio también las palabras de Martín Lutero en *A Simple Way to Pray* (Louisville: Westminster John Knox Press, 2000; reimp., St. Louis: Concordia Publishing House, 2012), 15, publicado en español como *Una manera sencilla de orar*: "Hasta este día, me alimento del Padrenuestro como un niño pequeño y, ahora que soy viejo, como y bebo de él, pero nunca me lleno". Incluiré otra ilustración: El Padrenuestro puede servir de manera simultánea como un chapoteadero para aprender las bases de la oración pero este cuenta con un extremo tan profundo que hasta los creyentes más maduros jamás terminarán de sondear sus profundidades.

para personas egoístas por naturaleza en una era individualista. Aunque la segunda parte se enfoca en nuestras necesidades, también lo exalta, porque solo un Dios soberano podría cumplir lo que ofrece, y solo un Dios amoroso podría ofrecerlo.

Las primeras dos palabras de la oración, "Padre nuestro", indican una *relación*. Una manera segura para desviarte durante la oración es olvidar la naturaleza de esta relación. Algunos ven a Dios como un jefe que estará contento con nosotros siempre y cuando trabajemos suficiente en la labor espiritual de la oración y obtengamos resultados. (Podrías llamarlo un enfoque contractual de la oración). Otros lo ven como un cajero automático o como una figura tipo Santa Claus, quien de manera automática nos dará lo que queremos sin tener el menor interés en una relación real. O quizás Dios sea como la Fuerza en *La guerra de las galaxias*, y la oración a esta "fuerza" impersonal no es más que hacerse ilusiones y confiar en que los vientos del universo soplarán a nuestro favor.

Pero para aquellos en Cristo, Dios es Padre.

Si hay algo que quiero que todo lector de este libro se lleve consigo, es que Dios te ama de manera incondicional como un *Padre*. Antes de que tuviéramos fe salvadora en Cristo, las Escrituras dicen que éramos enemigos de Dios (ver Romanos 5:6-10), hijos de la desobediencia (ver Efesios 2:2) e hijos de la ira (ver Efesios 2:3) y estábamos muertos en nuestro pecado (ver Efesios 2:1). La gloriosa verdad del evangelio es que, a pesar de nuestra maldad y oposición a Dios, Él envió a Su Hijo a la cruz por pecadores como nosotros (ver Romanos 5:8) y ahora nos adopta para ser parte de Su familia como hijos amados. Él nos llena con Su Espíritu para testificar de Su amor por nosotros (ver Romanos 5:5) y nos da la habilidad de clamar "¡Abba, Padre!" a Él en oración (ver Romanos 8:15-16).

Un buen padre terrenal cuida de sus hijos, quiere que vengan a él cuando padecen dolor y desea proveer para cada necesidad que tengan. ¡Cuánto más nuestro Padre perfecto en los cielos cuida de nosotros y quiere saber de nosotros, Sus hijos amados!

Conocí recientemente a una mujer cristiana de Irlanda y escuché su testimonio. Por muchos años, vivió como una incrédula contenta que había indagado en la religión en el pasado. Una amiga la invitó a un estudio bíblico, y ella decidió ir. "No tenía ni idea de lo que sucedía cuando estudiaban la Biblia. Pero cuando oraban *(vaya, ¡cómo oraban!)*, ¡lo hacían como si en verdad conocieran a Dios! Y eso me reveló que necesitaba lo que ellos tenían". Ella reconoció que una relación verdadera con Dios el Padre es posible y tan, tan buena.

Cuando ores el padrenuestro, no te saltes "Padre nuestro". Medita en el carácter de Dios y Su relación contigo. Recuerda Su obra redentora a lo largo de la historia humana. Regocíjate en Su gracia extravagante, porque "entender [a Dios como Padre] es conocerse a uno mismo como rico y privilegiado más que cualquier monarca o millonario"[7].

Ora porque quieres que Su nombre sea alabado ("Santificado sea Tu nombre")

Santificar significa tratar algo como santo o reverenciarlo. Santificar el nombre de Dios significa no tomarlo a ligera. Dios ama la gloria de Su nombre lo suficiente como para incluirlo en los Diez Mandamientos: "No tomarás el nombre del Señor tu Dios en vano" (Éxodo 20:7). La raíz de la palabra hebrea que se traduce como *vano* tiene la connotación de "vacío" o "nada"[8]. Tomar el nombre de Dios de manera vacía no expresa el honor y la gloria que Él merece.

El cielo es el máximo estándar para demostrar la manera apropiada en que el nombre de Dios debe ser exaltado. El libro del Apocalipsis en repetidas ocasiones quita el telón para revelar cómo el nombre de Dios es exaltado en la adoración celestial de los ángeles y de los santos. He aquí un ejemplo:

---

7. Packer, *Growing in Christ*, 146.
8. *The Enhanced Brown-Driver-Briggs Hebrew and English Lexicon*, ed. Francis Brown con S. R. Driver y Charles A. Briggs (Oxford: Clarendon Press, 1977), s.v. שָׁוְא.

¡Grandes y maravillosas son Tus obras, oh Señor Dios, Todopoderoso!

¡Justos y verdaderos son Tus caminos, oh Rey de las naciones!

¡Oh Señor! ¿Quién no temerá y glorificará Tu nombre?

Pues solo Tú eres santo;

Porque todas las naciones vendrán

Y adorarán en Tu presencia,

Pues Tus justos juicios han sido revelados. (Apocalipsis 15:3-4)[9]

Desafortunadamente, nuestro mundo no alcanza el estándar del cielo. El nombre de Dios es utilizado como grosería o como el remate de un chiste o, incluso, es abiertamente ridiculizado. "El nombre de Dios es blasfemado entre los gentiles", escribe Pablo en Romanos 2:24 en referencia al profeta Isaías. Y, sin embargo, no son solo los gentiles quienes blasfeman con el nombre de Dios; las siguientes palabras, "por causa de ustedes", indican que incluso el pueblo de Dios puede deshonrar Su santo nombre si vive una vida de pecado. Por eso es que Jesús quiere que comencemos nuestras oraciones con adoración, diciendo: "Santificado sea Tu nombre".

Cuando oramos "Santificado sea Tu nombre", pedimos que Dios exalte Su nombre en toda la tierra. Pedimos que todas las personas honren y glorifiquen Su nombre. Y le pedimos Su ayuda para vivir de manera que lo honre. Le pedimos que nos ayude a glorificarlo en todo lo que hagamos (ver 1 Corintios 10:31). ¡Él es digno!

Ora porque deseas que Su gobierno se extienda ("Venga a nosotros Tu reino")

Hace varios años, mientras estaba en un viaje para entrenar pastores en Latinoamérica, estaba sentado en la oficina de un pastor en una de las ciudades más grandes de Ecuador mientras

---

9. Ver también Apocalipsis 4:8-11; 5:9-14; 7:9-12; 11:17-19; 16:5-6; 19:1-9.

preparaba mi corazón para predicar dentro de treinta minutos. El pastor Jaime me ofreció un café y comenzó a contarme la historia del edificio de su iglesia. Al principio, yo estaba un poco confundido (normalmente, no disfruto escuchar anécdotas de transacciones de inmuebles extranjeros antes de predicar), pero pronto la historia de Jaime me atrapó.

Él y su esposa, Lirio, habían estado lamentando el impacto destructivo que un club nocturno local estaba teniendo en su comunidad: los jóvenes se estaban desviando, se estaban destruyendo hogares y los índices de criminalidad iban en aumento. Así que Jaime y Lirio comenzaron a orar que se cerrara el club nocturno. Se mantuvieron orando unos cinco años... hasta que, un día, por la gracia de Dios, se cerró. El edificio donde había estado quedó abandonado por dos años.

Mientras tanto, Dios estaba alcanzando personas por medio de la iglesia que Jaime pastoreaba, así que la iglesia envió a Jaime y a su familia a plantar una nueva rama de la congregación. Pero ¿dónde se reunirían? Jaime y su familia en Cristo oraron por un lugar que los ayudara a alcanzar a más personas con el evangelio. Y la mejor opción resultó ser el antiguo club nocturno que seguía vacío. Tras hablar sobre la posibilidad con el dueño del edificio y compartirle el evangelio, Jaime compró el lugar por la mitad del precio al público. Ahora, la iglesia se reúne en el antiguo club nocturno, proclamando el evangelio en la comunidad, fortaleciendo familias y alcanzando a jóvenes en el proceso. Hasta disminuyó la criminalidad en la zona. Dios convirtió una guarida de oscuridad en una embajada para el reino de Dios. Al orar por el cierre del club nocturno y para que el evangelio se extendiera a través de su ministerio, Jaime y Lirio estaban orando que viniera el reino de Dios.

Dios trabaja a lo largo de toda la historia humana para edificar un pueblo para Sí mismo. Aunque hasta las más grandes naciones terrenales van y vienen, el reino de Dios es eterno. Aunque las naciones terrenales tienen fronteras establecidas, el reino de Dios abarca gente de toda tribu, lengua y nación. Jesús está edificando Su Iglesia, y las puertas del Hades no prevalecerán contra ella (ver Mateo 16:18). Esto es verdad ya sea que estés en Quito, Quebec o Queensland. Orar "Venga a nosotros Tu reino" es expresar nuestro anhelo por el gobierno perfecto de Dios en la tierra. Es postrarnos ante el Rey Jesús y renunciar a nuestros reinos personales. Es reconocer la transitoriedad de los reinos terrenales y su verdadero lugar en la historia (ver Salmo 2; Daniel 2). Es pedirle a Dios que traiga salvación a los perdidos y juicio a Sus enemigos. Con estas palabras, oramos que paralice el dominio de las tinieblas y apresure el avance del reino de luz. Le pedimos que nos ayude a vivir con Su reino en mente mientras educamos a nuestros hijos y hablamos con nuestros vecinos.

Orar "Venga a nosotros Tu reino" también nos ayuda a mirar hacia el futuro: al establecimiento definitivo de Su reino —lo cual está más cerca de ti que cuando comenzaste a leer este capítulo—, cuando "el tabernáculo de Dios [estará] entre los hombres" y "Él enjugará toda lágrima de [nuestros] ojos" (Apocalipsis 21:3-4). ¡Ven, Señor Jesús!

Ora porque quieres que se haga Su perfecta voluntad ("Hágase Tu voluntad, así en la tierra como en el cielo")

Aún recuerdo cuando escuché la noticia: Mamá tenía cáncer y necesitaba cirugía de inmediato. Pero una cirugía exitosa no eliminó el cáncer por completo. Nuestra familia oró por sanidad y perseveró junto a mi madre durante tres años y medio, en medio de tratamientos de quimioterapia, visitas al hospital, pronósticos alentadores y desalentadores y una gran cantidad de lágrimas derramadas en el camino. Cuando más negro se veía el panorama, oramos por un poco más de tiempo, y Dios en Su misericordia le concedió salud para asistir tanto a mi boda como a la de mi hermano cinco semanas más tarde. Pero el 22 de marzo de 2016, con toda nuestra familia reunida alrededor de su cama, Denise Halloran exhaló su último aliento. Momentos después de que vimos a mi mamá pasar a la presencia del Señor, mi papá citó Job 1:21: "El Señor dio y el Señor quitó; bendito sea el nombre del Señor".

Dios quiere que oremos "Hágase Tu voluntad", así como Cristo lo hizo en el huerto (Mateo 26:42), para ayudarnos a reconocer que Sus caminos, su sabiduría y sus propósitos son más elevados que los nuestros. Para recordarnos de nuestro estado como criaturas y de Su omnipotencia. Para hacernos humildes.

Cuando no oramos con una actitud que dice: "Hágase tu voluntad", estamos levantando nuestro puño contra Dios y diciendo: "¡Mi voluntad es mejor!". Tal orgullo hace que la oración sea ineficiente porque "Dios resiste a los soberbios, pero da gracia a los humildes" (Santiago 4:6). Eso no significa que no podamos luchar con Dios en la oración, pero, a final de cuentas, debemos someternos en humildad a nuestro Hacedor dada nuestra confianza en Sus propósitos buenos y eternos para nosotros (ver Romanos 8:28-29). Solamente cuando nos sometemos a la voluntad de Dios podemos adorar en medio de un tremendo dolor.

"La oración es sometimiento —escribe E. Stanley Jones—, sometimiento a la voluntad de Dios y cooperación con esa voluntad. Si lanzo un gancho desde un bote, alcanzo la orilla y tiro de la cuerda, ¿estoy jalando la orilla hacia mí, o me estoy jalando a mí mismo hacia ella? La oración no se trata de jalar a Dios hacia mi voluntad, sino de alinear mi voluntad con la de Él"[10]. A veces, nuestra adoración más genuina viene tras las malas noticias, cuando podemos decir desde lo profundo de nuestros corazones: "Bendito sea el nombre del Señor" y "Hágase Tu voluntad".

---

10. E. Stanley Jones, *A Song of Ascents* [Una canción de ascensos] (Nashville: Abingdon, 1968), 383, citado en Kent Hughes y Barbara Hughes, *Liberating Ministry from the Success Syndrome* [Liberar al ministerio del síndrome del éxito] (Wheaton, IL: Tyndale House, 1988), 73.

Ora porque necesitas de Su provisión ("Danos hoy el pan nuestro de cada día")

Ya que "del Señor es la tierra y todo lo que hay en ella" (Salmo 24:1), con confianza podemos pedirle a nuestro omnipotente Creador que supla nuestras necesidades; a final de cuentas, ¡Suyas son todas las cosas! Cuando le pedimos Su provisión para cualquier necesidad (pan, un trabajo, finanzas, sabiduría, ánimo, fe, fortaleza para soportar la persecución, seguridad o dirección en una situación cotidiana), reconocemos tanto Su poder para proveer como nuestra dependencia de Él. Cuando recitamos esta petición del padrenuestro y pensamos en todo lo que Él ha provisto durante las décadas de nuestras vidas, crecemos en gratitud a nuestro Proveedor. Cuando oramos por nuestro pan diario, también expandimos nuestros horizontes al ser guiados a pensar en otros que padecen necesidad y en cómo Dios podría usarnos en proveer para *ellos*.

Aunque esta petición se enfoca en las necesidades temporales, también nos recuerda la provisión espiritual más grande de Dios. Sí, necesitamos pan físico y otros bienes materiales. Pero en un nivel más fundamental, necesitamos pan espiritual. "Yo soy el pan de la vida —dijo Jesús—; el que viene a Mí no tendrá hambre, y el que cree en Mí nunca tendrá sed" (Juan 6:35). En otra parte, Él dijo que "no solo de pan vivirá el hombre, sino de toda palabra que sale de la boca de Dios" (Mateo 4:4; ver también Deuteronomio 8:3). Nuestro apetito espiritual es satisfecho sólo por la Palabra de Dios, escrita y encarnada.

En este mundo, tenemos grandes necesidades, tanto físicas como espirituales. Y nuestro gran Dios y Rey "proveerá a todas sus necesidades, conforme a sus riquezas en gloria en Cristo Jesús" (Filipenses 4:19). La provisión de Dios no siempre se verá como lo esperamos ni vendrá según nuestros tiempos, pero podemos confiar en que Él no nos habría enseñado a orar por provisión si no estuviera dispuesto a proveer exactamente lo que necesitamos y fuera capaz de hacerlo.

Ora porque necesitas Su perdón ("Perdónanos nuestras deudas, como también nosotros hemos perdonado a nuestros deudores")

Esta siguiente petición nos recuerda lo importantes que son las relaciones para Dios. Necesitamos el perdón de Dios cuando pecamos, y necesitamos extenderles ese perdón a otros cuando pecan contra nosotros. Si no lo hiciéramos, ¿cómo podríamos obedecer los primeros dos más grandes mandamientos, amar a Dios y a nuestro prójimo (ver Mateo 22:37-40)?

Primero le pedimos a Dios que perdone nuestras "deudas", las cuales incurrimos cuando nos quedamos cortos de nuestro deber y que son conocidas simplemente como pecado (ver la redacción del pasaje paralelo en Lucas 11:4). Aunque los creyentes pueden descansar y estar confiados porque Cristo ha pagado por sus pecados en la cruz (ver Romanos 8:1), nuestro pecado entristece al Espíritu Santo de Dios (ver Efesios 4:30) y, por lo tanto, limita nuestra capacidad para tener comunión con Dios mediante el Espíritu. Cuando le pedimos perdón, reconocemos tanto nuestra pecaminosidad como nuestra incapacidad de hacer algo al respecto por cuenta propia. Nuestra única esperanza es clamar en desesperación por ayuda con un corazón quebrantado a un Padre fiel que nos escucha. Su amoroso corazón es conmovido a perdonar porque la suficiencia del sacrificio de Cristo en la cruz cubre nuestros pecados y hace posible el perdón.

Vincular nuestro perdón (al decir: "perdona nuestras deudas") con el perdón que les otorgamos a otros (cuando decimos: "como también nosotros hemos perdonado a nuestros deudores") nos recuerda que *las personas perdonadas perdonan* (ver Mateo 18:21-35; Efesios 4:32). Otras personas nos decepcionan de muchas maneras y no nos pagan lo que nos deben, ya sea respeto, tiempo, energía u algo más. Pero no podemos dejar que su error nos prohíba amarlos como Dios quiere. Si lo hacemos, la mala hierba de la amargura, la ira, los celos y el odio crecerá en nuestros corazones. Dios quiere que Sus hijos anden en amor con Él y el uno con el otro. Nuestro pecado pasado limita esto, y es por eso que la siguiente petición pide protección del pecado futuro.

Ora porque necesitas Su liberación ("No nos dejes caer en tentación, sino líbranos del mal")

Después de que Dios firma nuestros papeles de adopción y nos da la bienvenida a Su familia, Él firma nuestros papeles de reclutamiento para una batalla espiritual. Es una batalla en la que hemos participado desde que nacimos, pero no la vemos hasta que el Espíritu abre nuestros ojos espirituales.

"No nos dejes caer en tentación" es una súplica por la ayuda de Dios para luchar en nuestra batalla interna contra "las pasiones carnales que combaten contra el alma" (1 Pedro 2:11). Esta petición reconoce la debilidad de nuestra carne y de nuestra fuerza de voluntad ante la tentación. Es un recordatorio de que el pecado es engañoso y de que nuestra única esperanza es fortalecernos "*en el Señor* y en el poder de *su* fuerza" (Efesios 6:10). A medida que han pasado los años, he visto surgir pecados horribles en la vida de personas donde menos se esperaba, lo cual me ha hecho darme cuenta de cuán débiles y vulnerables somos todos. "El que cree que está firme, tenga cuidado, no sea que caiga", advierte el apóstol Pablo (1 Corintios 10:12). Orar por la ayuda de Dios nos recuerda que Él no nos dejará ser "tentados más allá de lo que [podemos] soportar" y que Él promete una "vía de escape" (ver 1 Corintios 10:13).

Orar "líbranos del mal" nos recuerda la batalla que también peleamos contra un enemigo externo. Algunas traducciones dicen: "Líbranos del *maligno*", refiriéndose a Satanás. Satanás odia al pueblo de Dios y a sus oraciones, y hará lo que sea necesario para evitar que oremos.[11] Cuando oramos ser librados del mal, reconocemos el poder de Dios para librarnos dada Su supremacía sobre todo ser

---

11. Como dice el antiguo himno: "Satanás se estremece cuando mira al más débil pecador de rodillas". William Cowper, "What Various Hindrances We Meet" ["Los varios obstáculos que enfrentamos"], 1779.

espiritual (ver Efesios 1:20-21; Colosenses 1:16). Expresamos nuestro deseo de que las "multiplicaciones de la gracia de Dios sean derramadas sobre nosotros continuamente hasta que, completamente llenos de estas, triunfemos sobre todo mal"[12]. Necesitamos la liberación de Dios de los poderes espirituales de maldad y de los peones humanos del enemigo que buscan devorarnos como el león a su presa (ver 1 Pedro 5:8). Las oraciones por libertad de los enemigos permean los Salmos (ver Salmos 35; 59; 140; 143), y el apóstol Pablo en repetidas ocasiones les pidió a sus hermanos creyentes que oraran por que fuera librado de sus enemigos humanos (ver Romanos 15:30-33; 2 Corintios 1:8-11; 2 Tesalonicenses 3:1-5). ¿Por qué pensaríamos nosotros que somos inmunes?

RECUERDA POR QUÉ LA ORACIÓN IMPORTA

Oramos para glorificar a Dios. Oramos para unificar nuestros corazones con la visión de Su reino para el mundo y para alinearnos con Su voluntad. Oramos por provisión, por relaciones restauradas y por protección del mal que viene tanto de nuestro interior como del exterior.

Si a veces te das cuenta de que has pasado casi un día entero (o varios días) sin siquiera pensar en Dios o en la oración, ten ánimo. Yo también he pasado por eso, al igual que muchos otros creyentes. Pero no puedes quedarte allí. No olvides que la oración fluye de la fe; y, por eso, quizás la acción más efectiva que puedas tomar para recordar el propósito de la oración sea orar por fe que se exprese a sí misma en oración.

¿Cómo puedes cultivar tu fe? ¿Cómo puedes recordarte a ti mismo la importancia de la oración? Yo intento siempre tener recordatorios delante de mí: una nota en el espejo del baño, un

---

12. *Calvin: Institutes of the Christian Religion*, vol. 2, *Books III.XX to IV.XX*, ed. John T. McNeill, trad. Ford Lewis Battles (Philadelphia: The Westminster Press, 1960), 3.20.46. Publicado en español como *Institución de la religión cristiana*.

cuadro con el padrenuestro en la cocina, una notificación diaria en mi celular que me pregunta si es "Hora de orar". Intento con todas mis fuerzas incluir a la oración en mis relaciones, para tener un poco más de rendición de cuentas, así como en mis rutinas, para que se vuelva un hábito. A medida que tengo compañerismo más regular con la Iglesia, la oración se vuelve más natural.

Como con todas las luchas que examinaremos en este libro, la clave para el crecimiento en esta área no es una perfección inmediata; es lograr progresos pequeños y fieles mientras te mantienes confiado en quien es Dios y en la invitación que, en Su gracia, nos ha extendido para orar. Seguirá faltándote fe. Seguirás olvidando a veces por qué importa la oración. Pero, con el tiempo, recordarás mejor el *porqué* de la oración.

En el siguiente capítulo, observaremos más de cerca cuál debe ser el contenido de nuestras oraciones.

ORACIÓN

Amado Padre celestial, gracias por adoptarme a Tu familia y por entregar a Tu Hijo por mí. Gracias por la gloriosa e inmerecida invitación que me has ofrecido para estar ante Tu presencia en oración. Admito que a menudo me olvido de orar y que, en lo profundo de mi ser, me falta fe. Crea en mí un corazón de oración, por Tu Espíritu, y ayúdame a crecer como persona de humilde y constante dependencia de Ti. Por favor, usa este pequeño libro para mostrarme cómo puedo experimentar más de Tu grandeza y gloria mediante la oración. En el nombre de Jesús, amén.

PREGUNTAS PARA REFLEXIONAR

1. ¿Qué es lo que más te ha ayudado a crecer en oración?
2. ¿Alguna vez te has visto tentado a ver a Dios como un jefe, como un cajero automático o como una fuerza impersonal

como en *La guerra de las galaxias*? ¿Cómo debería cambiar tu perspectiva el ver a Dios como un Padre?

3. De las siete razones para orar que nos da el padrenuestro, ¿en cuál crees que necesitas enfocarte más?

4. ¿Qué cambios puedes hacer en tu vida para ayudarte a recordar mejor la invitación de Dios para orar?

2

No sé qué orar

"Tal vez pienses que tus oraciones no son nada del otro mundo.
Eso está bien. No es a otro mundo a quien oras, sino al cielo.
Dios es misericordioso. Él acepta tus pobres oraciones.
Lo que Él quiere de ti no es tu elocuencia, sino tu corazón".
—*Jared. C. Wilson, The Pastor's Justification*
[La justificación del pastor]

Me encanta el excursionismo. No hay nada como respirar el aire fresco, hacer ejercicio y disfrutar de la naturaleza con amigos y familiares. Y aunque no soy demasiado quisquilloso en cuanto a dónde voy de excursión, sí tengo una condición no negociable: tiene que existir un camino. Tendrías que estar loco para detenerte a un lado en la carretera y abrirte paso con un machete entre la maleza. No tengo interés alguno en torcerme el tobillo en un pozo en trepar arboles caídos, en perderme ni en verme acorralado por algún animal hambriento. (¿Quizás simplemente no soy muy aventurero?).

Y, sin embargo, cuando muchos cristianos se acercan a Dios en oración, no escogen un camino para hacerlo y, por lo tanto, pronto se encuentran sin más palabras u orando las mismas una y otra vez.

Desanimados por estas complicaciones, se conforman con menos o se dan por vencidos del todo. Pero no tiene que ser así.

Este capítulo nos ayudará a descubrir cuál debe ser el *contenido* de nuestras oraciones.[1] Ayudará tanto en oraciones personales como grupales. Aunque no puedo abarcar todo en este capítulo, sí puedo proporcionar un marco de cómo podemos abordar la oración junto con diferentes caminos que podemos seguir. Un camino claro les da dirección a nuestras mentes y libertad a nuestros corazones para que se expresen. Piensa en un camino para la oración como un enrejado de madera que permite que la vid de la oración se extienda y crezca. Sin un enrejado, una vid no podría ni extenderse ni crecer; se amontonaría en el piso y hasta moriría. A menudo, lo mismo sucede con nuestras oraciones si no les brindamos un camino que seguir.

Antes de sumergirnos de lleno en este capítulo, te contaré un secreto: cuando termines, te darás cuenta de que la oración es más fácil y efectiva de lo que te has imaginado.

NECESITAMOS LAS ESCRITURAS PARA MOLDEAR NUESTRAS ORACIONES

La oración es una travesía hacia el corazón de Dios con el propósito de conocerlo, de suplicar por Su ayuda y de conformarnos a Su voluntad. Es una respuesta a la Palabra que Él nos ha hablado. La única manera en la que podemos conocerlo a Él, a Su carácter y a Su voluntad es por medio de Su Palabra revelada, la Biblia.

La Palabra de Dios necesita moldear y llenar nuestras oraciones por unas cuantas razones. Primero, nos permite priorizar los deseos santos de Dios para con nosotros en lugar de depender de nuestras mentes finitas, de nuestros impulsos carnales o de

---

1. El capítulo 7 nos ayudará a conocer cómo organizar este contenido y formar nuestras peticiones en ritmos de oración diarios, semanales y mensuales.

otras influencias. "La riqueza de la Palabra de Dios debe determinar nuestra oración, no la pobreza de nuestro corazón", escribió Dietrich Bonhoeffer.[2] Segundo, ya que también deseamos que la oración sea *efectiva*, es más probable que Dios actúe mediante nuestras oraciones cuando oramos según Su verdad. "Esta es la confianza que tenemos delante de Él —escribe el apóstol Juan—, que si pedimos cualquier cosa conforme a su voluntad, Él nos oye" (1 Juan 5:14). John Piper describe este principio de otra manera: "Existe una conexión directa entre el grado en que nuestras mentes son moldeadas por las Escrituras y el grado en que nuestras oraciones son contestadas"[3].

CINCO CAMINOS QUE PODEMOS TOMAR AL ORAR

Ahora que entendemos por qué la Biblia debe informar y motivar nuestras oraciones, echémosle un vistazo a cinco caminos que podemos tomar al orar.

Camino n.º 1: Aprende a orar según oraciones de las Escrituras

Todas las Escrituras son útiles para crecer en oración, pero existe un valor extra en aprender de las oraciones que contienen, ya que todas ellas fueron inspiradas por el Espíritu Santo (ver 2 Pedro 1:20-21). El registro bíblico, desde el Génesis hasta el Apocalipsis, está lleno de oraciones de Jesús, de Moisés, de los profetas, de los apóstoles y de muchos otros. ¿Por qué cosas oraban? ¿Cómo les respondía Dios? ¿Cómo podemos aprender del contenido de sus oraciones y de su ejemplo? Cuando leas la Biblia, busca oraciones que puedas incorporar en tu propia vida

2. Dietrich Bonhoeffer, *Psalms: The Prayer Book of the Bible* (reimp., Filadelfia: Fortress Press, 1974), 15.

3. John Piper, "Tips for Praying the Word", Desiring God, 9 de enero, 1984, www .desiringgod.org/articles/tips-for-praying-the-word.

de oración.[4] Y aunque puedes encontrar muchas oraciones como estas en todas las Escrituras, existen dos lugares de valor único a los cuales acudir.

Los Salmos. Salmos es el único libro de las Escrituras que está compuesto al cien por ciento de oraciones. Es un cofre de tesoros de cantos de alabanza llenos de teología y movidos por emociones. Escritos por David, Salomón, los hijos de Coré, Moisés, Asaf y otros, los salmos ofrecen oraciones para cada situación y emoción imaginable, desde el profundo dolor del lamento en el Salmo 88 hasta la adoración gozosa del Salmo 150, y todos los puntos intermedios. Nos dan palabras para cuando nuestros corazones nos fallan, y sirven como banda sonora emocional para los adoradores de Dios.

Aunque fueron dados originalmente a Israel, los Salmos tienen una importancia especial para el cristiano. Como el resto del Antiguo Testamento, nos señalan a Jesús y encuentran su cumplimiento verdadero solo en Él (ver Lucas 24:44). Jesús, el verdadero israelita, encarnó el himnario de Israel más que nadie en la historia. La vida del Salvador fue tan moldeada por los salmos que los citó con su último aliento. Los Salmos también tenían una importancia especial para los apóstoles de Cristo, quienes los oraban y los citaban a menudo. El apóstol Pablo escribió que saturar nuestras mentes y relaciones con los Salmos ayuda a que la Palabra de Cristo more en abundancia en nosotros (ver Colosenses 3:16) y que el Espíritu llene nuestras vidas (ver Efesios 5:18-19).

No existe una única manera correcta de utilizar los Salmos en tus oraciones. La manera más directa es orar un salmo palabra por palabra. Un pastor recomienda dos maneras más para utilizar los Salmos al orar: "Puedes apropiarte de las peticiones y las alabanzas

---

4. En el capítulo 7, compartiré cómo podemos incorporar oraciones específicas a nuestra rutina.

de los Salmos, seleccionándolas como manzanas. O puedes decorar al salmo como un árbol de Navidad y colgar en él tus peticiones y tus alabanzas"[5]. Además de dar forma a tus oraciones, leer la oración de salmista puede encender tu corazón para la oración y cambiar "tu vocabulario, tu lenguaje y tu actitud"[6].

Admito que los salmos a veces me incomodan. Me empujan fuera de mi zona de confort y le dan rienda suelta a emociones que estoy acostumbrado a guardarme. Sin embargo, también me hacen sentir ciertas emociones y ver la vida desde la experiencia del salmista. A final de cuentas, me llevan a confiar en Dios en los altibajos de la vida. Dirígete al apéndice para ver los Salmos sugeridos que puedes orar en diversas situaciones.

Las oraciones del apóstol Pablo. Esparcidas en sus trece epístolas hay muchas oraciones del apóstol Pablo: algunas son largas y gloriosas; otras, cortas y dulces. Considero las oraciones de Pablo como una categoría general, la cual incluye tanto sus oraciones propiamente dichas como los vistazos que nos da a su vida de oración. Estos vistazos nos permiten ver cosas como las razones de Pablo para dar gracias, sus reportes sobre oraciones personales, sus peticiones de oración y sus bendiciones.[7] Estas

---

5. Benjamin Kandt, "How to Pray the Psalms" ["Cómo orar los Salmos"], PrayPsalms.org, 16 de julio del 2017, www.praypsalms.org/how-to-pray-the-psalms-60484747091a.

6. Tim Keller, "How to Pray the Psalms" ["Cómo orar los Salmos"], entrevista en *Ask Pastor John*, no. 459, Desiring God, 27 de octubre del 2014, www.desiringgod.org/interviews/how-to-pray-the-psalms.

7. Ver el apéndice para la lista de oraciones de Pablo que recomiendo estudiar. Para profundizar en Pablo y sus oraciones, considera leer el libro de Donald A. Carson *Un llamamiento a la renovacion espiritual: Prioridades de Pablo y sus oraciones* (Barcelona: Publicaciones Andamio, 1994) o el de Charles Spurgeon *Lessons from the Apostle Paul's Prayers* [Lecciones de las oraciones del apóstol Pablo] (n.p.: Cross-Points, 2018). También puedes encontrar una compilación completa de sus oraciones en formato PDF en Kevin Halloran, "Una lista completa de las oraciones del apóstol Pablo en la Biblia", *Anclado en Cristo* (blog), 14 de noviembre del 2017, www.ancladoencristo.org/las-oraciones-del-apostol-pablo-en-la-biblia-lista-completa/.

oraciones y vistazos nos revelan el corazón que Pablo tiene para Dios y sus prioridades inspiradas por el Espíritu. Los temas que dominan las oraciones de Pablo incluyen el crecimiento espiritual, vivir según la voluntad de Dios, la fortaleza espiritual, la extensión del evangelio y el agradecimiento por la obra de Dios en la vida de los creyentes. Su énfasis en estas cosas nos ayuda a recordar lo más importante: el evangelio (ver 1 Corintios 15:3), y el hecho de que debemos priorizar el crecimiento espiritual y el fruto del evangelio por encima de nuestras necesidades más pequeñas y temporales (¡aunque Dios también se interesa en ellas!).

Antes de continuar hacia el siguiente camino, te animo a apropiarte de la oración de Romanos 15:13 en este momento: "Y el Dios de la esperanza los llene de todo gozo y paz en el creer, para que abunden en esperanza por el poder del Espíritu Santo".

Camino n.º 2: Ora mientras lees la Biblia

Es más fácil comenzar una conversación cuando el otro nos habla primero. Dios nos habla en Su Palabra y, si oramos con la Biblia abierta, no tendremos que pensar en palabras que orarle a Él. Podemos simplemente responder a lo que Él ha dicho.

Aunque orar las Escrituras no requiere un método específico, recomiendo el método RAP,[8] el cual puedes utilizar con cualquiera de los 1189 capítulos de la Biblia.[9]

8. Este método (3-R *method* en inglés) viene directamente de la manera en que Ben Patterson recomienda orar a través de los Salmos en *God's Prayer Book: The Power and Pleasure of Praying the Psalms* [El libro de oración de Dios: El poder y el placer de orar los Salmos] (Carol Stream, IL: Tyndale Momentum, 2008), 20. El pastor y autor Kevin DeYoung recomienda el enfoque de Patterson y dice: "Esta sencilla herramienta me ha ayudado a orar la Biblia más que cualquier otra estrategia individual. [La] he usado en mi tiempo devocional y a menudo [la] he empleado para guiar a otros en oración". Kevin DeYoung, "How to Pray Using Scripture" ["Cómo orar usando las Escrituras"], *DeYoung, Restless, and Reformed* (blog), The Gospel Coalition, 4 de enero del 2013, www.thegospelcoalition.org/blogs/kevin-deyoung/how-to-pray-using-scripture/.

9. Algunas porciones de las Escrituras son más fáciles de orar que otras. Si estás buscando unas con que comenzar, me parece útil la recomendación de John Piper: "[Ora] porciones éticas de las Escrituras como Mateo 5-7; Romanos 12; 1 Corintios 13;

Para orar utilizando este método, primero lee una porción de las Escrituras, y pídele ayuda a Dios para entender Su Palabra.[10] Luego, reconoce lo que Dios desea comunicarte por medio del pasaje. Ya sea que leas un solo versículo, un libro entero de la Biblia o una porción intermedia, medita en cómo Dios quiere comunicar

- una característica de Sí mismo que contemplar
- una verdad que creer
- un pecado que combatir
- un mandamiento que obedecer
- un ejemplo del cual aprender

Considera las ideas dominantes de un pasaje porque, por lo general, armonizarán con las más pequeñas y te moverán a orar por algo de mayor importancia. Y no permitas que una falta de confianza en tu manera de leer la Biblia te intimide. Puede que la malinterpretes o que cometas errores. Pero confía en que el Dios de las Escrituras te mantendrá anclado mucho más cerca de Su corazón que cuando utilizas tus propios recursos para orar.

Una vez que hayas leído un pasaje de esta manera, estás listo para orar con el método RAP.

1. *Regocíjate.* Cuando un pasaje que estés leyendo te revele algo sobre Dios, sobre Su carácter o sobre una verdad de Su universo, ¡regocíjate en Él! Podemos regocijarnos en cualquier pasaje de las Escrituras ¡porque Dios y el evangelio de Su Hijo son buenos (ver Filipenses 4:4)!

Gálatas 5-6; Efesios 4-6; Colosenses 3-4; 1 Tesalonicenses 5; 1 Juan; etc.". John Piper, "How to Pray for Half-an-Hour" ["Cómo orar por media hora"], Desiring God, 5 de enero de 1982, www.desiringgod.org/articles/how-to-pray-for-half-an-hour.

10. A menudo, comienzo mi lectura bíblica orando dos versículos del Salmo 119: "Abre mis ojos, para que vea las maravillas de Tu ley" (v. 18) y "Aparta mis ojos de mirar la vanidad, y vivifícame en Tus caminos" (v. 37). Me gustan tanto estos versículos que los he escrito en una nota adhesiva al interior de la portada de mi Biblia.

2. *Arrepiéntete.* ¿Cómo te muestra el pasaje que te has quedado corto del estándar de Dios? Confiesa tus pecados... y reconoce Su gracia gloriosa, la cual te invita a confesar y a recibir Su limpieza (ver Salmo 32; 1 Juan 1:9).

3. *Pide.* ¿En qué áreas necesitas pedir ayuda de Dios, para ti o para otros, para obedecer mejor lo que el pasaje enseña? Lleva tus peticiones delante de nuestro Rey Soberano.

El método RAP nos da tres indicaciones sencillas para hacer de las Escrituras una oración y, así, promover una respuesta correcta a la Palabra de Dios. A medida que crecemos en nuestro entendimiento de Su Palabra, mediante el estudio personal y la participación en la Iglesia, este método te resultará más y más útil tanto para oraciones personales como públicas.

Camino nº. 3: Sigue el padrenuestro

En el último capítulo, vimos por qué tenemos que orar, y consideramos a Jesús, quien les enseñó a Sus discípulos a orar lo que hoy se conoce como el "padrenuestro". Y esta oración no solo nos muestra por qué debemos orar, como lo hemos visto, sino que también nos dice *qué* debemos orar, lo que la convierte en el patrón perfecto para nuestras propias oraciones.

Puedes abordarlo de manera *general* y orar petición por petición, incorporando alabanzas y peticiones específicas a medida que avanzas. Comenzando con "Santificado sea Tu nombre", por ejemplo, podrías alabar a Dios por Su carácter, por Su gloria demostrada en la creación y por Su obra en tu vida y en tu iglesia. Puedes permanecer en esta petición el tiempo que desees o hasta que no se te ocurra más por qué orar y, entonces, avanzar a la siguiente, repitiendo este proceso hasta que hayas terminado la oración. Orar cada petición del padrenuestro nos da una sesión de oración robusta y enfocada. Martín Lutero empleó este método y les recomendó la técnica a otros en su pequeño libro *A Simple Way to Pray* (*Una manera sencilla de orar*). He descubierto que este método es una manera útil de enfocar mi mente para la oración e incluso para reactivarla cuando mi tiempo de oración se ve interrumpido: *Me quedé en "Hágase Tu voluntad"; ¡ahora, avancemos a "Danos hoy el pan nuestro de cada día"!*

También uso un enfoque *específico* y aplico todo el padrenuestro a una persona o situación a la vez. En mi experiencia, esta ha sido una manera útil de orar tanto para batallas espirituales como para asuntos cotidianos. He aquí un ejemplo de cómo utilizo este enfoque para orar por mi matrimonio.

- *Padre nuestro que estás en los cielos, santificado sea Tu nombre* en nuestro matrimonio, en nuestra vida juntos, en nuestras interacciones y en nuestro testimonio hacia el mundo.
- *Venga a nosotros Tu reino* en y a través de nuestro matrimonio. Que doblemos nuestras rodillas a Tu reinado de manera más voluntaria y que nuestro testimonio mueva a otros a amar a Jesús y a desear Tu reino.
- *Hágase Tu voluntad* en la vida que vivimos juntos. Tenemos sueños y deseos, pero los ponemos a Tus pies. Guíanos según Tu perfecta voluntad para que recibas toda la gloria por medio de nosotros.
- *Danos hoy el pan nuestro de cada día,* tanto en las finanzas para pagar nuestras facturas como en la salud para vivir con fidelidad. Gracias por las abundantes bendiciones que nos has dado. Muéstranos cómo podemos ser Tus manos y Tus pies al proveer para las necesidades de otros.
- *Perdónanos nuestras deudas.* Señor, Tú sabes que necesitamos perdón. Pecamos y respondemos de manera pecaminosa al pecado del otro. Necesitamos tanto Tu perdón como Tu fortaleza para extendernos ese perdón el uno al otro y a los demás en nuestras vidas.
- *No nos dejes caer en tentación.* Padre, existen tantos pecados que podríamos cometer que destruirían nuestro

matrimonio y lastimarían la confianza que tenemos el uno en el otro. Por favor, destruye los pequeños pecados en nuestros corazones y fortalece nuestro compromiso a obedecer Tu Palabra en santidad. Libra nuestro matrimonio y nuestra familia del mal para que podamos ser un faro de luz para Ti en nuestro vecindario, en nuestra iglesia y en nuestro mundo.

Jesús les enseñó a Sus discípulos a orar con el padrenuestro, y los sabios harán exactamente eso. ¿Cómo puedes usar el padrenuestro como un patrón para orar por tus relaciones, responsabilidades, comunidad y ansiedades?

Camino n°. 4: Sigue el patrón de cuatro pasos

La estructura de oración de cuatro pasos (ACTS por sus siglas en inglés) ha ayudado a creyentes durante generaciones. Los cuatro pasos son *adoración, confesión, agradecimiento y súplica.* Seguir los pasos en este orden es una herramienta útil para acercarse a Dios.

Adoración. Este primer paso establece el tono de la oración, como en el padrenuestro, al enfocar nuestros corazones en el carácter y en las obras de Dios. Aunque tenemos acceso a Dios y podemos ser audaces dada la obra de Jesús, no debemos simplemente lanzarnos a demandar cosas de Él al orar. Dios nos creó para adorarlo (ver Isaías 43:7), y debemos orar como adoradores. R. C. Sproul dijo esto sobre comenzar la oración con adoración: "He notado a lo largo de muchos años que, al crecer en la disciplina y en el deleite de la oración, parece que por naturaleza pasamos más y más tiempo en este primer elemento"[11].

---

11. R. C. Sproul, *The Prayer of the Lord* (Orlando: Reformation Trust Publishing, 2018), cap. 6, Kindle.

Confesión. En la confesión, reconoces tu culpa delante de Dios. Cuando confieses, sé específico al admitir tanto acciones pecaminosas externas como actitudes internas. Admite que no has amado a Dios ni a los demás como deberías. Confiesa pecados específicos... y pídele que te dé convicción de aquellos de los que no estás consciente.

Agradecimiento. En el agradecimiento, le expresas gratitud a Dios por lo que Él te ha dado. Si estás en Jesús, siempre puedes agradecerle por la salvación, por amarte como Su hijo amado y por Su presencia continua en tu vida. Agradécele también por Su provisión diaria y por la gracia que te demuestra de mil maneras.

Súplica. Este cuarto paso presenta nuestras necesidades, las de otros y otras peticiones ante Dios.

Como creyente menos maduro, pasaba por los primeros tres pasos lo más rápido que podía para llegar al cuarto, donde estacionaba de reversa mi camión de carga lleno de peticiones y las descargaba. No seas como yo. Quien más salía perdiendo era yo mismo. No queremos tratar a Dios como si fuera un genio de la lámpara; queremos crecer en nuestra fe en Él y en el amor que le tenemos como nuestro Padre. Queremos someternos a Él y a Sus buenos propósitos, y queremos que la oración nos cambie a nosotros, no solo a nuestras circunstancias externas. Al principio, adorar a Dios, confesar nuestros pecados y darle gracias puede ser como comer verduras. Pero, igual que sucede cuando comemos verduras, incluir estos elementos en nuestra oración nos brinda los nutrientes espirituales que necesitamos para vivir vidas vibrantes y espiritualmente sanas.

Camino nº. 5: Ora oraciones escritas

Yo solía pensar que leer oraciones de otros no contaba como oración a los ojos de Dios. Es decir, ¿no es como copiar respuestas durante un examen? Pero después me di cuenta de que los cantos que le cantamos a Dios con el corazón cada domingo han sido escritos por alguien más; ¿por qué orar algo escrito por alguien más lo honraría menos si de verdad sentimos lo que estamos orando?

Muchos santos, tanto en el pasado como en el presente, han escrito oraciones sentidas y enraizadas en las Escrituras que conmueven nuestros afectos y elevan nuestros corazones hacia el cielo. Para recomendaciones específicas, ve los recursos recomendados al final del libro.

Espero que uno o más de estos caminos para la oración tengan un efecto transformativo en tu caminar con Dios. Ahora, antes de terminar este capítulo, veamos tres maneras más que Dios nos ha dado para ayudarnos a encontrar palabras para orar.

LA ORACIÓN COMO DEPORTE EN EQUIPO

De niños, aprendemos a hablar al escuchar a otros hablar. De manera similar, aprendemos a orar al escuchar a otros hablar con Dios. "Es muy sencillo —escribe el pastor David Mathis—. La mejor manera de aprender a orar es orando con otros cuyas oraciones han sido moldeadas por las Escrituras"[12]. Esta naturaleza comunitaria de la oración no debería sorprendernos. Después de todo, Jesús no les enseñó a Sus discípulos a orar: "Padre *mío* que estás en los cielos", sino: ¡"Padre *nuestro* que estás en los cielos"!

Son muchas las oportunidades para crecer al escuchar las oraciones de otros. Las oraciones pastorales durante los servicios de adoración nos enseñan cómo orar. También las reuniones de oración y los grupos pequeños. Es hermoso escuchar a otros hijos

---

12. David Mathis, *Habits of Grace: Enjoying Jesus through the Spiritual Disciplines* [Hábitos de la gracia: Disfrutar a Jesús a través de las disciplinas espirituales] (Wheaton, IL: Crossway, 2016), 115.

e hijas de Dios clamar a Él por la salvación de sus seres queridos, por la extensión del evangelio en nuestra comunidad y para que los miembros de nuestra iglesia crezcan en fe y en amor. "La iglesia local funciona como un invernadero donde las oraciones prosperan",[13] escribe John Onwuchekwa.

Un pastor en nuestra iglesia animaba constantemente a una mujer mayor a asistir a una reunión de oración mensual. Ella respetuosamente declinaba invitación tras invitación. Luego, un día, asistió. Eso la transformó. "Nunca había ido a una reunión de oración, pero ahora no me perderé ni una —la mujer le compartió al pastor después del evento—. Fue muy alentador escuchar a otros creyentes orarle a su Padre".

Las oraciones de otros a menudo me ministran y moldean mis propias oraciones. Mi amigo Ryan a menudo ora en nuestro grupo pequeño de varones matutino: "Señor, no merecemos el buen regalo del café ni la oportunidad de reunirnos". Mi colega David a menudo toma las palabras de Filipenses 2:3-4 para sus oraciones: "Dios, ayúdanos a considerar a otros como más importantes que nosotros mismos". Y mi amigo Juan de Ecuador me recuerda la cercanía de Dios al dirigirse a Él como "Papito Dios", su adaptación al español del término del Nuevo Testamento "Abba, Padre".

Orar con la iglesia no solo tiene el propósito de enseñarnos los unos a los otros a orar a través del ejemplo. Experimentamos más de Dios, y nuestras oraciones tienen un poder especial, a medida que tenemos comunión unos con otros (ver Mateo 18:19-20; Santiago 5:14-16).[14] Somos el cuerpo de Cristo, piedras vivas siendo edificadas como casa espiritual donde mora el Espíritu Santo (ver Efesios 2:19-22; 1 Pedro 2:5). Tal como el valor de las

---

13. John Onwuchekwa, *Prayer: How Praying Together Shapes the Church* [La oración: Cómo el orar juntos moldea a la iglesia] (Wheaton, IL: Crossway, 2018), 62.

14. Me encanta cómo lo dijo J. I. Packer: "La comunión cristiana [...] no es un fin en sí mismo. La comunión entre cristianos es en aras de la comunión con Dios". Cita de *God's Words: Studies of Key Bible Themes* [Palabras de Dios: Estudios de temáticas bíblicas claves] (Grand Rapids: Baker Book House, 1981), 194.

piedras aumenta cuando forman parte de una casa, la voz unificada del cuerpo de Cristo es mayor que la suma de sus partes.

EL SECRETO PARA CALENTAR TU CORAZÓN PARA LA ORACIÓN

Incluso con los caminos mencionados para buscar a Dios en oración y con el ejemplo de otros, a veces no deseamos orar. Nuestros corazones están fríos y necesitan ser encendidos. El puritano Thomas Watson nos ofrece el diagnóstico y el remedio: "La razón por la que salimos tan fríos de la lectura de la Palabra es que no nos calentamos en el fuego de la meditación"[15].

Meditar en las Escrituras es simplemente darle vueltas a un pasaje una y otra vez en tu mente como un joyero le da vueltas a un diamante para desplegar sus diferentes facetas. A medida que nuestra concentración en las Escrituras se profundiza, sus verdades calientan nuestros corazones y la oración se vuelve más natural. Es por esto que algunos han llamado a la meditación un puente entre la lectura bíblica y la oración.[16] Comenzamos con la Biblia y reflexionamos acerca de sus ricas verdades, y esas verdades nos mueven a orar. J. I. Packer y Carolyn Nystrom describen lo que sucede: "Pensar en la presencia de Dios se convierte en hablar con el Señor de manera directa, y hablar con Dios nos lleva

---

15. Thomas Watson, "How We May Read the Scriptures with Most Spiritual Profit" ["Cómo podemos leer las Escrituras con el mayor provecho espiritual"], en *Puritan Sermons: 1659-1689* [Sermones puritanos: 1659-1689] (Wheaton, IL: Richard Owen Roberts Publishing, 1981), 2:62, citado en Donald S. Whitney, *Spiritual Disciplines for the Christian Life* [Disciplinas espirituales para la vida cristiana], ed. rev. y act. (Colorado Springs: NavPress, 2014), 50, citado en David Mathis, "Warm Yourself at the Fires of Meditation" ["Entra en calor con el fuego de la meditación"], Desiring God, 26 de marzo del 2014, www.desiringgod.org/articles/warm-yourself-at-the-fires-of -meditation.

16. Ver Timothy Keller, *Prayer: Experiencing Awe and Intimacy with God* [La oración: Experimentar el asombro y la intimidad con Dios] (2014; reimp., Nueva York: Penguin Books, 2016), 90.

a meditar más en Su presencia. Esta es una transición natural, en ambas direcciones"[17].

Como alguien que camina de un lado a otro por un puente, podemos movernos de la lectura bíblica a la oración y de vuelta conforme meditamos. Escuchamos de Dios y de Su Palabra, y respondemos en oración. Le damos a Él tiempo y corazones dispuestos para que Su Espíritu nos enseñe Su Palabra, y Él lo hace. Su Palabra penetra en lo profundo de nuestras almas y transforma nuestras mentes, nuestros corazones y nuestras voluntades.

CUANDO LAS LUCHAS DE LA VIDA NOS DEJAN SIN PALABRAS

En este capítulo, has visto tanto diferentes caminos para acercarte a Dios en oración como la manera en que aprender de otros y meditar en la Palabra de Dios puede ayudarnos también, lo cual significa que la excusa de "No sé qué decir cuando oro" no es válida... *la mayoría de las veces*. A veces, sin embargo, "no sabemos orar como debiéramos" (Romanos 8:26), y no es por ignorancia, sino a causa de las pruebas y tribulaciones de vivir en un mundo caído. Si alguna vez has intentado orar en medio de un gran sufrimiento, esta experiencia te es familiar. Sabes que *deberías* orar, pero tu corazón se siente entumecido. Tu prueba te ha sacado el aire, y no puedes enfocarte lo suficiente como para mascullar más que una palabra o dos. Todo lo que puedes ofrecerle a Dios es el gemido que el resto de la creación le ofrece al anhelar ser rescatada de los sufrimientos de la vida (ver Romanos 8:22-23).

Aquí es donde Dios interviene. Cuando no sabemos qué orar, "el Espíritu nos ayuda en nuestra debilidad", intercediendo "por nosotros con gemidos indecibles" (Romanos 8:26). El Espíritu de

17. J. I. Packer y Carolyn Nystrom, *Praying: Finding Our Way Through Duty to Delight* [Orar: Cómo nos hacemos camino a través del deber hacia el deleite] (2006; reimp., Downers Grove, IL: IVP Books, 2009), 75.

Dios habla en representación de nuestros corazones enmudecidos, llevándolos a la presencia de Dios e intercediendo por nosotros "conforme a la voluntad de Dios" (v. 27). Dios escuchará y responderá a las oraciones del Espíritu, y podemos estar confiados en que Él continuará llevando a cabo Sus buenos propósitos en y a través de nosotros: el mayor de los cuales es transformarnos a la imagen de Su Hijo (ver vv. 28-29). Y como si no fuera suficiente la intercesión del Espíritu, ¡el versículo 34 declara que Jesús también intercede por nosotros!

Romanos 8 es un buen recordatorio de que la oración no es un fin en sí mismo; es un medio para conocer a, y tener comunión con, nuestro amoroso Padre celestial. Dios inició la conversación al darnos Su Palabra, y podemos responder al orarle Su Palabra a Él, lo cual calienta y refina nuestros corazones en el proceso. Podemos derramar nuestros corazones ante Él con confianza (ver Salmo 62:8). Hay muchos caminos comprobados que podemos tomar para conversar con Él, pero cuando nuestra debilidad nos prohíbe tomarlos, Él no nos rechaza. En vez de eso, Él recluta a Su Hijo y al Espíritu para orar en representación nuestra, asegurando que nuestra debilidad (e incluso nuestro pecado) no tenga la última palabra. ¡Gracias a Dios!

ORACIÓN

Padre, gracias por darle inicio a la conversación al darnos Tu Palabra y al enviar a Tu Hijo por nosotros. Nos has dado tanto a que responder y que llevarte en oración; ¡es increíble! Ayúdame a crecer en oración y a orar conforme a Tu Palabra. Usa las oraciones de otros para enseñarme a orar, y úsame para impactar de manera positiva en las vidas de otros. Y gracias porque Tu Espíritu intercede por mí y porque mi debilidad no limitará la obra que realizas en mi vida para Tu gloria. En el nombre de Jesús, amén.

PREGUNTAS PARA REFLEXIONAR

1. ¿Por qué es importante que nuestras oraciones sean moldeadas por el texto de las Escrituras? ¿De qué maneras te ha animado este capítulo a enfocarte en la Palabra de Dios cuando oras?

2. ¿Has utilizado antes alguno de los caminos sugeridos para la oración? De ser así, ¿cuál? ¿Cómo te ha(n) ayudado? ¿Qué caminos para la oración estás más animado a intentar?

3. ¿Llegas a luchar con alabar a Dios cuando oras en lugar de presentarle rápidamente tus peticiones? ¿Cómo te ha animado este capítulo a crecer en esta área?

4. Lee Romanos 8:26-30. ¿Cómo te anima la intercesión del Espíritu Santo?

3

Me siento demasiado culpable como para orar

"Por tanto, ahora no hay condenación para los que están en Cristo Jesús".
—*El apóstol Pablo, Romanos 8:1*

Si alguna vez te has sentido demasiado culpable como para orar, no estás solo. Aunque Anita llegó a la fe en Cristo de pequeña en la escuela bíblica de vacaciones de su iglesia, siempre ha luchado con orar. Su escuálida vida de oración hace que se sienta culpable. Su amiga Brianna ora todo el tiempo, y Dios la escucha; ¿por qué no puede ser ella como Brianna? Pero en lugar de llevarle su falta de oración en sí al Señor en oración, se siente avergonzada y descarta por completo la idea de orar. "Tal vez no sea una persona oradora por naturaleza".

Carlos nació de nuevo tras visitar la iglesia de su compañero del trabajo y escuchar el evangelio. Después de su conversión, Carlos descubrió que la oración era fácil y que le brindaba gozo. Pero ahora que se ha instalado en su vida cristiana, sus patrones de pecado lo preocupan y le dan ansias. "¿No debería haber superado estos pecados ya? ¿Por qué me escucharía Dios cuando lo decepciono tanto?". Para Carlos, la oración verdadera parece estar fuera de su alcance hasta que pueda corregir sus problemas personales. Tanto Carlos como Anita demuestran una lucha común. La culpa le extrae el oxígeno a la habitación de la oración, ya sea la culpa por el pecado o la culpa por no orar como ellos piensan que Dios desea. En lugar de ser un gozo, la oración se vuelve una carga... un punto más en el que no dan la talla. En lugar de acercarse confiadamente a su amoroso Padre celestial, ellos ven a Dios como un capataz imposible de agradar. ¿Te llegas a sentir como Carlos o Anita?

"La culpa me hace sentir que Dios no quiere que le hable", me dijo una persona que entrevisté. Otro confesó: "Me siento lejos de Dios cuando peco". Otro aún dijo: "Me siento cansado y frustrado por pecar de la misma manera en múltiples ocasiones".

Las conciencias intranquilas llevan a muchas personas a sentirse avergonzadas y a esconderse de Dios, como lo hicieron Adán y Eva en el huerto en Génesis 3. Pero ahora que ha venido Jesús y nos ha limpiado de nuestros pecados, ya no tenemos que escondernos de Dios por vergüenza; podemos acercarnos a Él por la fe. Olvidar esta verdad matará el gozo en tu vida cristiana.

El puritano Thomas Brooks escribe: "Es la lógica del diablo el argumentar: Mis pecados son grandes, así que no iré a Cristo; no me atrevo a descansar ni a apoyarme en Cristo. En cambio, el alma debería razonar así: mientras más grandes son mis pecados, más necesito la misericordia y el perdón; así que iré a Cristo, quien se deleita en misericordia, quien perdona mis pecados por amor de Su propio nombre"[1].

La cruz pone de cabeza la culpa y la transforma de una limitante a un motivador para la oración. En este capítulo, veremos qué hacer con nuestra culpa y, después, consideraremos cómo abordar la oración misma.

---

1. Thomas Brooks, *Precious Remedies against Satan's Devices* [Remedios preciosos en contra de las artimañas de Satanás] (1652; reimp., Carlisle, PA: Banner of Truth, 2011), 215.

¿QUÉ REQUIERE DIOS DE NOSOTROS?

Si alguna vez te has sentido culpable porque no crees orar de la manera en que Dios quiere que lo hagas, probablemente sea buena idea responder a la pregunta: "¿Qué quiere Dios de nosotros en términos de la oración?".

Sugeriré esta respuesta radicalmente sencilla: *que oremos.*[2] Las Escrituras están llenas de mandamientos sobre orar, pero no ordenan ni un período específico ("Tienes que orar al menos treinta minutos al día") ni una rutina específica ("Debes orar en este y en aquel momento"). A menudo, los mandamientos de las Escrituras en cuanto a la oración están acompañados de gloriosas promesas destinadas a movernos a orar al recordarnos sus maravillosos resultados (ver Jeremías 33:3; Mateo 7:7-11; y Santiago 5:16-18 para algunos ejemplos). Dios no está preocupado por estadísticas de desempeño; a Él le importa si nuestros corazones buscan orar y perseveran en acercarse a Él. Las medidas arbitrarias de perfección nunca deben ser nuestro enfoque. Como veremos en el resto de este capítulo, conocer y aplicar el evangelio es lo mejor que podemos hacer para progresar en nuestras luchas con la culpa.

BUENAS NUEVAS PARA CONCIENCIAS CULPABLES

Según el evangelio, Jesús elimina nuestra culpa. Bien, bien; ya lo sabes. También Carlos y Anita... pero aún así permitieron que los sentimientos de culpa les impidieran orar. Su conocimiento mental no se correspondía con la teología del corazón. ¿Te ha sucedido? Me ha sucedido a mí... incluso durante temporadas enteras de mi caminar cristiano.

2. El resto de este libro enseña más de lo que Dios quiere puntualmente de nosotros cuando oramos, pero en el contexto de la culpa que podemos sentir al acercarnos a Él, ¡me enfocaré en esta sencilla conclusión!

En lugar de confiar en la obra terminada de Cristo, he vuelto la mirada hacia mi propio desempeño (o su ausencia). En tiempos de bonanza, esto me ha llevado al orgullo, y en tiempos difíciles, a un gran desaliento por nunca estar a la altura. Cuando yo —y tú— hacemos esto, no estamos creyendo en el evangelio. Somos justos solo en Cristo, y esta verdad tiene implicaciones gloriosas para nuestra oración.

El escritor a los Hebreos compartió una verdad que ha resultado ser para mí un parteaguas, no solo en mi oración, sino también en mi santificación:

> Porque no tenemos un sumo sacerdote incapaz de compadecerse de nuestras debilidades, sino uno que ha sido tentado en todo de la misma manera que nosotros, aunque sin pecado. Así que acerquémonos confiadamente al trono de la gracia para recibir misericordia y hallar la gracia que nos ayude en el momento que más la necesitemos. (Hebreos 4:15-16, NVI)

Jesús simpatiza con nuestra debilidad porque Él mismo experimentó la tentación. El hecho que Él haya sido victorioso sobre el pecado significa que es lo suficientemente fuerte como para ayudarnos a superar nuestras flaquezas. Y la conclusión lógica de esto es que podemos acercarnos al trono de la gracia "con confianza".

¡Ay, cómo me encanta que este pasaje mencione "el momento que más la necesitemos"! Dios sabe que tenemos necesidades y promete que las suplirá en Cristo. Si te sientes culpable o avergonzado de lo que has hecho (o no has hecho) en tu vida, *¡felicidades!* Estás en un momento de necesidad y tienes un Salvador que puede satisfacer por completo esa necesidad. No te han dejado con las manos vacías. Tu Padre celestial, lleno de gracia, te ha dado la llave de Su depósito ilimitado de gracia.

CÓMO LUCHAR CONTRA
EL CARGO DE CONCIENCIA

La lucha contra el cargo de conciencia se siente como una de esas antiguas caricaturas donde el personaje tiene un diablito en un hombro y un angelito en el otro. El diablito, con su tridente en mano, grita mentiras y acusaciones en un oído mientras el angelito susurra con gentileza verdades en el otro. Cuando la voz del diablito es diez veces más fuerte que la verdad, ¡es difícil de ignorar!

El Dr. Martyn Lloyd-Jones, gran predicador del siglo xx, prescribe lo que necesitamos: "Deberíamos pasar una gran parte del día predicándonos a nosotros mismos, y nunca más que cuando nos arrodillamos para orar"[3]. Cuando nos predicamos a nosotros mismos la Palabra de Dios, la usamos como la espada del Espíritu para cortar las mentiras que nuestros corazones y el enemigo nos dicen (ver Efesios 6:17). Necesitamos recordatorios constantes sobre la identidad que tenemos en Cristo y la suficiencia de Su obra... en especial cuando dudamos.

Charles Spurgeon nos da un ejemplo de cómo dar batalla espiritual con la verdad del evangelio:

> Sé lo que te dirá el diablo. Él te dirá: "¡Eres un pecador!". Dile que sabes que lo eres, pero que [...] estás justificado. Él te hablará de la grandeza de tu pecado. Háblale de la grandeza de la justicia de Cristo. Él te relatará todos tus errores y tus recaídas, tus ofensas y tus desvíos. Dile, y dile a tu propia conciencia, que sabes todo eso, pero que Jesucristo vino a salvar a pecadores y que, aunque tu pecado es grande, Cristo es más que capaz de eliminarlo por completo.[4]

3. D. Martyn Lloyd-Jones, *The Unsearchable Riches of Christ: An Exposition of Ephesians 3* [Las riquezas inescrutables de Cristo: Una exposición de Efesios 3] (Grand Rapids: Baker Books, 1979), 102.

4. C. H. Spurgeon, "Justification by Faith" ["Justificación por fe"] (sermón, Metro-

No te enfoques en tus faltas; enfócate en la victoria de Cristo. Confía en Su obra perfecta en lugar de en tus obras imperfectas, porque "el que crea en Él no será avergonzado" (1 Pedro 2:6).

CÓMO CULTIVAR UNA MENTALIDAD SATURADA DEL EVANGELIO PARA LA ORACIÓN

Cuando la culpa limita nuestras oraciones, a menudo no estamos conscientes de ello. Sin darnos cuenta, podemos irnos deviando poco a poco de Dios. Para anclarnos, en cambio, en el evangelio, necesitamos cultivar hábitos, por medio de la meditación y de la oración, que reflejen tanto un arrepentimiento humilde ante Dios como una confianza plena en la obra terminada de Cristo.

He aquí varias prácticas que nos ayudarán a lograr exactamente esto.

Mantener la cruz y la resurrección siempre a la vista

Mantener la cruz siempre a la vista nos hace humildes al recordarnos por qué murió Cristo: para pagar el castigo por nuestros pecados. También nos da seguridad al recordarnos que Dios no quiere que Sus hijos redimidos estén lejos y distantes; Él quiere que disfrutemos de la comunión y de la libertad que vienen de ser Sus hijos adoptivos. La resurrección de Cristo es la prueba de que Su sacrificio fue aceptable ante Dios el Padre, y es la prueba de que Él está "muy por encima de todo principado, autoridad, poder, dominio y de todo nombre que se nombra, no solo en este siglo sino también en el venidero" (Efesios 1:21).

Cuando la culpa y la vergüenza nos lanzen condenación, recordemos la verdad de que el único Ser todopoderoso que existe demostró Su amor para con nosotros al enviar a Su Hijo

---

politan Tabernacle, Londres, Reino Unido, 28 de abril de 1867), disponible en línea en www.blueletterbible.org/Comm/spurgeon_charles/sermons/3392.cfm.

a una cruz para que pudiéramos ser reconciliados con Él (ver Romanos 5:8-11). Recordemos el poder de la cruz para limpiar nuestra conciencia (ver Hebreos 9:14).

Confesar nuestros pecados

Aunque somos hijos de Dios comprados con sangre, nuestro pecado lo ofende y puede impedir que escuche nuestras oraciones (ver Salmo 66:18).[5]

Tal vez hayas experimentado este sentimiento de que algo te impide entrar al cuarto de oración. Cuando esto suceda, examina tu vida en busca de pecados sin confesar y confiésalos ante el Señor; "Con esta llave —dice Juan Calvino— abres para [ti mismo] la puerta de la oración"[6]. Cornelius Plantinga escribe que "recordar y confesar nuestro pecado es como sacar la basura: una vez no es suficiente"[7]. Si nuestro pecado tiene el horrible potencial de cerrar el oído de Dios a nuestras oraciones, entonces tendremos que sacar la basura de nuestras vidas espirituales a través de la confesión de este pecado cada vez que podamos. (Y la verdad es que descuidar la disciplina de la confesión ¡puede ser exactamente lo que nos ha llevado a esos sentimientos de culpa en primer lugar!).

Cuando Jesús nos enseña a orar en el padrenuestro, "Perdónanos nuestras deudas" (Mateo 6:12), Él nos *invita* a confesar e incluso nos muestra que esta es Su expectativa para nosotros como pecadores redimidos. Llevar nuestro pecado ante Cristo no representa un escándalo ni una decepción para Él; es la evidencia de nuestro corazón obediente y arrepentido. Es exactamente lo que Dios quiere de nosotros.

5. Trataré más este tema en el capítulo 4.

6. Calvino, *Institutes of the Christian Religion*, vol. 2, *Books III.XX to IV.XX*, ed. John T. McNeill, trad. Ford Lewis Battles (Filadelfia: The Westminster Press, 1960), 3.20.9. Publicado en español como *Institución de la religión cristiana*.

7. Cornelius Plantinga Jr., *Not the Way It's Supposed to Be: A Breviary of Sin* [No es como debería ser: Un breviario del pecado] (1995; reimp., Grand Rapids: William B. Eerdmans, 1996), x.

Así que confesémosle a Dios nuestros pecados de manera regular con la confianza de que Él cumplirá Su promesa: "Si confesamos nuestros pecados, Él es fiel y justo para perdonarnos los pecados y para limpiarnos de toda maldad" (1 Juan 1:9). Confesémosle a Dios que somos más pecadores de lo que nos damos cuenta y que necesitamos que Su Espíritu nos revele nuestro pecado para poder confesarlo y arrepentirnos.

Aunque confesarle nuestros pecados a Dios es de importancia primordial, confesárselos a otros creyentes también tiene mucho beneficio. Santiago escribe: "Por tanto, confiésense sus pecados unos a otros, y oren unos por otros para que sean sanados" (Santiago 5:16). Cuando nos confesamos los unos con los otros (ejerciendo sabiduría para decidir a quién confesar), llevamos nuestro pecado a la luz y, como resultado, experimentamos el poder restaurador de la confesión. Después de todo, Dios ha diseñado a la iglesia para ser una comunidad del evangelio en la que nos animamos unos a otros a vivir vidas de arrepentimiento continuo.

Dolernos por nuestros pecados

Desafortunadamente, nuestros deseos pecaminosos pueden torcer promesas, como la de 1 Juan 1:9, cuando somos rápidos para confesar y pasar por alto nuestros pecados sin buscar un verdadero arrepentimiento ni un cambio duradero. Dios no quiere confesiones de "caja rápida"; Él quiere la contrición del corazón, e incluso dice que dolerse por el pecado es "bienaventurado" y un camino hacia el consuelo (Mateo 5:4).

En la segunda carta que tenemos que le escribió a los Corintios, Pablo habla de una carta anterior que les había escrito donde les había señalado su pecado. Sus palabras en esa carta habían golpeado a los corintios como una bola de demolición... y su respuesta a ella había demostrado un ejemplo estelar de dolor santo ante el pecado:

Porque la tristeza que es conforme a la voluntad de Dios produce un arrepentimiento que conduce a la salvación, sin dejar pesar; pero la tristeza del mundo produce muerte. Porque miren, ¡qué solicitud ha producido esto en ustedes, esta tristeza piadosa, qué vindicación de ustedes mismos, qué indignación, qué temor, qué gran afecto, qué celo, qué castigo del mal! En todo han demostrado ser inocentes en el asunto. (2 Corintios 7:10-11)

Los corintios no menospreciaron las palabras de Pablo ni se ofendieron por ellas; sintieron su peso. Su única respuesta apropiada fue rendirle sus emociones a Dios y comprometerse a cambiar. Los corintios comprobaron un punto importante: incluso cuando nuestro pecado deshonra a Dios, podemos honrarlo con nuestra respuesta.

No pases por alto este punto con demasiada rapidez, no sea que caigas en lo que Dietrich Bonhoeffer llamó "gracia barata"[8]. La gracia barata convierte la gracia de Dios en una licencia para pecar. Poner por obra un verdadero arrepentimiento ante Él implica ser profundamente afectado por las maneras en las que hemos pecado contra Él y entristecido a Su Espíritu.

No soy jardinero, pero sé que, si cortas una mala hierba en el tallo, solo es cuestión de tiempo para que vuelva a surgir. El dolernos por nuestros pecados coloca un herbicida en las manos del Espíritu y nos ayuda a purificar nuestros corazones de nuestras tendencias destructivas que aman al pecado. Quizás quieras usar el método de un pastor que conozco y orar a diario para odiar el pecado y amar a Cristo.

Creer el evangelio y orar con confianza

Echar mano de las gloriosas promesas que Dios nos ha hecho en el evangelio nos da confianza al orar: confianza en que la sangre

---

8. Ver a lo largo de Dietrich Bonhoeffer, "Costly Grace" ["Gracia de alto costo"], cap. 1 en *The Cost of Discipleship* (reimp., Nueva York: Touchstone, 1995). Publicado en español como *El costo del discipulado*.

de Cristo ha lavado nuestros pecados y confianza en que, por causa de Él, nuestro Padre nos escucha.

El siguiente testimonio nos muestra cómo un creyente, llamado Chris, ha aprendido a superar sus sentimientos de culpa y a entrar con confianza al trono de la gracia.

> La culpa solía estorbar mis oraciones constantemente. No tenía entendimiento de Hebreos 4:16. Yo sentía que debía "limpiarme a mí mismo" antes de correr a Su trono de gracia. [...] En lugar de estorbarme, ahora mi culpa me mueve a correr hacia Cristo. Cuando mis sentimientos no se corresponden con mi identidad en Cristo, Él es el único lugar al que puedo ir para encontrar la gracia para lidiar con esto. Ya que Dios ahora no toma en cuenta mis pecados contra mí (ver 2 Corintios 5:19), es solo el enemigo o mi carne que intenta convencerme de que mis fracasos deben impedir que corra hacia Cristo. La respuesta bíblica dice lo contrario. [...] Mientras más confío en la justicia de Cristo en lugar de en la mía, menos estorba la culpa mi oración y más me empuja hacia ella en cada ocasión.

LIBRE, EN CRISTO, PARA ORAR

¿Recuerdas a Carlos y a Anita del inicio de este capítulo? Por la gracia de Dios, ambos han estado aprendiendo a luchar contra la culpa con el evangelio. Y han crecido.

Anita ya no permite que sus fracasos en la oración dictaminen su relación con Dios; en vez de ello, ha encontrado que meditar en el misericordioso corazón de su Padre la atrae a una comunión más gozosa y profunda con Él. Ella recuerda que Dios la escucha, no porque sea elocuente en la oración, sino porque tiene al perfecto Hijo de Dios como Abogado (ver 1 Juan 2:1-2).

Cuando el diablo le lanza a Carlos acusaciones sobre su pecado, él responde recordando el evangelio. "Yo sabía, intelectualmente, que el evangelio era buena nueva —confesó Carlos—. Sin embargo, no entendía cómo podía ayudarme a combatir contra mi pecado. Ahora, en lugar de huir de Dios por mi culpa, llevo esa culpa ante Él. No solo sé que soy limpiado, sino que me siento estimulado a perseverar en el evangelio por lo que Jesús ha hecho por mí".

ORACIÓN

Amado Padre celestial, ¡gracias por Jesús! Gracias por Tu amor hacia los pecadores. Estoy asombrado de que puedas preocuparte por un alma rebelde como yo. Ayúdame a vivir toda la vida con la cruz en mente. ¡Ayúdame a combatir los sentimientos de culpa con las verdades del evangelio, y dame gran gozo a medida que crezco cada día en el entendimiento de que las inescrutables riquezas de Cristo son mías (ver Efesios 3:8)! En el nombre de Jesús, amén.

PREGUNTAS PARA REFLEXIONAR

1. ¿Han estorbado los sentimientos de culpa tu vida de oración? De ser así, ¿cómo?
2. ¿Cómo cambia tu actitud hacia la oración el pensar en Dios como un Padre celestial y no como un duro capataz?
3. Cuando la culpa estorba nuestras vidas de oración, a menudo es porque confiamos en nuestros sentimientos más que en la Palabra de Dios. ¿Cómo puedes crecer en cuanto a que la Palabra de Dios moldee tus sentimientos de culpa?
4. De los cuatro pasos que este capítulo trató para cultivar una mentalidad centrada en el evangelio durante la oración, ¿en cuál crees que necesitarás trabajar más para lograr implementarlo?

4

No estoy seguro de que Dios me escuche

"¿Hasta cuándo, oh Señor? ¿Me olvidarás para siempre? ¿Hasta cuándo esconderás de mí Tu rostro?".
—David, Salmo 13:1

¿Alguna vez se te ha desaparecido un buen amigo? No una desaparición en sí, sino una desaparición donde le hablaste varias veces y nunca te contestó. Cuando esto sucede, al principio te sorprendes. *¿No éramos buenos amigos que pasaban momentos geniales juntos?* Pero a medida que pasa el tiempo y sigues intentando contactarlo, te das cuenta de que quizás jamás obtengas una respuesta. *Simplemente están demasiado ocupados para mí o ya no les interesa una relación.*

¿Alguna vez te has sentido así con respecto a Dios? Oras, asistes a la iglesia, lees tu Biblia y animas a tus amigos en la fe. Pero Dios parece estar siniestramente callado. No estás seguro de que tus oraciones le hayan llegado a Dios. Y si sí le han llegado, no estás seguro de que le importen. Es como si cada oración fuera más correo que aparece en Su escritorio ya abarrotado.

"Yo nunca he sentido que no estuviera escuchando —escribió un encuestado—, pero sí he sentido que no importaba, que a Él no le importaba".

Tal vez entiendas que a Él le importa, pero luchas porque no has recibido la respuesta que buscabas. Esto es especialmente doloroso cuando clamas una y otra vez por que se te libere de una prueba, por la salud de un ser amado o por provisión en tiempos de necesidad. Cuando esto sucede, la duda y el desánimo pueden entrar a hurtadillas a tu consciencia y hacer que concluyas: "No creo que Dios me esté escuchando, así que no oraré". Pero esto crea un círculo vicioso ¡porque no orar es la única garantía de que Él no te escuchará! Algunas personas incluso se alejan de la fe en Jesús cuando no reciben respuesta de Dios según sus expectativas. Pero la fe es justamente lo que tú y yo necesitamos para superar estos tiempos frustrantes de silencio.

Si has llegado a sentir que Dios no está escuchando, no estás solo. De hecho, ¡eres exactamente como todo otro cristiano! Job conoció bien esta experiencia. También lo hizo David, ¡un varón conforme al corazón de Dios, quien oró en los Salmos: "¿Hasta cuándo, oh Señor?" (13:1)! Habacuc el profeta también clamó: "¿Hasta cuándo, oh Señor, pediré ayuda, y no escucharás? Clamo a Ti: '¡Violencia!'. Sin embargo, Tú no salvas" (Habacuc 1:2). No descartes estos clamores de frustración; la autoría doble de las Escrituras significa que no solo fueron Job, David o Habacuc quienes redactaron estas oraciones, sino el mismísimo Espíritu Santo. Dios conoce tu frustración y te da tanto palabras para orar como ejemplos a seguir cuando te sientes solo en la oscuridad.

¿Por qué a veces experimentamos el silencio de parte de Dios? ¿Es Dios cruel? ¿Es que le gusta jugar con nosotros? ¿O hay otras razones y propósitos mayores en la mente de Dios que nosotros no conocemos?

POR QUÉ PUEDE SER QUE ÉL NO ESCUCHE

Gracias a Dios, tenemos *algunas* respuestas fáciles cuando sientes como si Dios no estuviera recibiendo tus oraciones.[1] Echémosles un vistazo.

No eres cristiano

En el capítulo 1, vimos cómo Jesús nos da la confianza para orar y hace que Dios esté accesible para los pecadores. Una de las verdades más aterradoras que encontramos en la Biblia es que muchas personas *creen* que tienen una fe salvadora en Jesucristo, pero en realidad no es así. Jesús advirtió sobre los falsos creyentes en Mateo 7:21: "No todo el que me dice: 'Señor, Señor', entrará en el reino de los cielos". Personas así quizás crecieron en la Iglesia, se saben las respuestas correctas a muchas preguntas teológicas, son los primeros en llegar el domingo a la iglesia y actúan como cristianos en lo externo. Pero siguen siendo incrédulos y, por lo tanto, Dios no está obligado a escuchar sus oraciones.

Si no tienes deseo alguno de conocer a Dios por medio de la oración, examínate a ti mismo para ver si estás en la fe (ver 2 Corintios 13:5). El deseo de orar está programado de fábrica en el alma del creyente. ¿Te duele saber que has pecado contra un Dios santo? ¿Pones tu confianza en Jesús para el perdón de tus pecados? Si cuestionas la veracidad de tu fe, confía en Jesús; Él no echa fuera a nadie que venga a Él en fe y en arrepentimiento.

Tu falta de fe

La oración sin fe no es oración; es hablar con nosotros mismos. No olvides que "sin fe es *imposible* agradar a Dios" (Hebreos 11:6). *Imposible* no viene con cláusulas de excepción. La oración sin fe

---

1. Esto no es lo mismo que cuando Dios no *responde* a nuestras oraciones; hay otras razones por las que Él podría escoger hacer seo. Cuando Él no nos *escucha*, es probable que nuestro pecado lo haya ofendido y esté estorbando nuestras oraciones.

desagrada a Dios. Santiago 1:7-8 dice que el que duda no piense "que recibirá cosa alguna del Señor, siendo hombre de doble ánimo, inestable en todos sus caminos".

Cuando activamos el piloto automático durante nuestra oración y simplemente recitamos palabras mientras pensamos en otra cosa, nos falta fe. Cuando le pedimos a Dios algo legítimo pero estamos convencidos de que no nos responderá, nos falta fe. Lo mismo es verdad cuando oramos para ser vistos por otros; nos enfocamos en las reacciones de la gente en lugar de en Dios.

En vez de orar así, simplemente acude a tu Padre celestial, confía en las promesas de Su Palabra, las cuales ayudan a animar tu fe (ver Romanos 10:17) y habla con Él.

Le has dado la espalda a Dios y a Su Palabra al abrazar el pecado

Así como la desobediencia deliberada de un hijo entristece a su padre, nuestro pecado entristece a Dios (ver Efesios 4:30). El salmista escribió: "Si observo iniquidad en mi corazón, el Señor no me escuchará" (Salmo 66:18). Nuestro pecado moldea las actitudes que tenemos hacia Dios y nuestras motivaciones para orar.[2] Vivir en pecado es lo opuesto a amar a Dios porque "El temor del SEÑOR es aborrecer el mal" (Proverbios 8:13). Proverbios 28:9 expresa esta verdad de manera diferente: "Al que aparta su oído para no oír la ley [de Dios], su oración también es abominación".

Si te encuentras atesorando el pecado y evitando la Palabra de Dios, ¡arrepiéntete! Y entonces pídele a Él que cree en ti un corazón limpio y un espíritu recto (ver Salmo 51:10). Confiésale tus pecados a Dios, y a algún amigo en quien confíes, y comienza a orar otra vez.

Has maltratado a otros

Si quebrantar el más grande mandamiento al no amar a Dios (ver Mateo 22:36-38) puede estorbar tus oraciones (como

---

2. Hablaremos más de las motivaciones en el siguiente capítulo.

vimos en el punto anterior), no debería sorprendernos que quebrantar el segundo más grande mandamiento, al no amar a otros (Mateo 22:39), pueda hacerlo también. Esto es, en esencia, atesorar el pecado en tu corazón (ver Salmo 66:18) en cuanto a tu deber hacia otros.

La Biblia identifica expresamente la relación matrimonial como un lugar donde esto puede suceder. Dice 1 Pedro 3:7: "Ustedes, maridos, igualmente, convivan de manera comprensiva con sus mujeres, como con un vaso más frágil, puesto que es mujer, dándole honor por ser heredera como ustedes de la gracia de la vida, *para que sus oraciones no sean estorbadas*". Al principio, esto parece no estar relacionado. ¿Por qué estorbaría Dios las oraciones de un marido grosero? La razón es que Él quiere llevarlos al arrepentimiento para que cuiden mejor de sus esposas y honren más a Dios en su matrimonio. (Aunque esto no está expresado explícitamente en las Escrituras, creo que, si una esposa no cumple su rol en el matrimonio, sus oraciones también pueden ser estorbadas porque es probable que también esté atesorando algún pecado).

La Biblia también es explícita en decir que nuestra oración también puede ser estorbada cuando no ofrecemos perdón y reconciliación (ver Mateo 5:23-24; Marcos 11:25; ver también 1 Timoteo 2:8) o cuando ignoramos nuestro deber hacia los pobres (ver Proverbios 21:13).

Eres orgulloso

La parábola del fariseo y el publicano en Lucas 18:9-14 contrasta dos actitudes que podemos tomar hacia la oración. El fariseo se pavoneaba como un gigante espiritual, mostrando sus músculos espirituales y orando: "Dios, te doy gracias porque no soy como los demás hombres: estafadores, injustos, adúlteros; ni aun como este recaudador de impuestos. Yo ayuno dos veces por semana; doy el diezmo de todo lo que gano" (vv. 11-12). Él se acercaba a Dios basándose en sus obras, no en la misericordia de Dios. Pero Dios no quiere que nos demos palmaditas en la espalda por lo buenos que somos; Él quiere de nosotros corazones humildes que entiendan nuestra necesidad continua de gracia. Eso es lo que la oración del publicano reflejaba: "Dios, ten piedad de mí, pecador" (v. 13).

La conclusión de Jesús en esta parábola aturdió a los que estaban escuchando: Dios aceptó la oración del publicano socialmente inaceptable mientras que rechazó la oración santurrona del fariseo admirado. "Porque todo el que se engrandece será humillado, pero el que se humilla será engrandecido" (v. 14).

Estás experimentando la disciplina de Dios

Conocer a Dios como nuestro Padre significa que recibimos Su disciplina amorosa. Recibir la disciplina amorosa de Dios puede significar no oír de Él como esperaríamos. Puede que quiera convencernos de pecado, probarnos para ver qué hay en nuestros corazones o movernos a buscarlo de manera más ferviente; pero Su mano firme y misericordiosa siempre tiene en cuenta nuestro crecimiento y nuestro bien, incluso cuando no nos responde como quisiéramos. Darnos cuenta de esto nos permite decir, junto con H. B. Charles Jr.: "Dios ha hecho grandes cosas en mi vida a través de una oración sin respuesta"[3].

NO HAY TAL COSA COMO UNA ORACIÓN SIN RESPUESTA

Existe una diferencia crucial entre cuando Dios rechaza nuestra oración, por las razones ya mencionadas, y cuando Dios no responde a nuestra oración. Estoy convencido de que no hay tal cosa como una oración sin respuesta para el cristiano.

---

3. H. B. Charles Jr., "How You Handle Answered Prayers" (sermón, Shiloh Metropolitan Baptist Church, Jacksonville, FL, 20 de enero de 2016).

Dios es el Padre perfecto, y nosotros somos Sus hijos amados. ¿Qué padre terrenal rechazaría la súplica de un hijo? No uno bueno. Y, sin embargo, ¿qué padre terrenal siempre responde a la petición de su hijo de inmediato y en la manera exacta que el hijo quiere? Uno que es o corto de vista o flojo, o ambas cosas. Pero nuestro Padre celestial es bueno y no es ni corto de vista ni flojo. Él siempre tiene un propósito mayor que simplemente ser un genio que cumplirá todos nuestros deseos. Dios siempre responde a nuestras oraciones, pero a menudo no lo hace en el momento ni en la manera que preferimos. Sus respuestas pueden llegar como un "Sí", un "No" o un "Espera".

El esperar es lo más difícil. Por lo general, puedo lidiar con un no. Pero esperar respuestas a las oraciones más profundas de la vida duele. ¿Seguirá algún día mi ser querido a Cristo? ¿Llegará algún día la sanidad? ¿Obtendré algún día ese trabajo que necesito con tanta desesperación?

Incluso si todo lo que escuchamos es el canto de los grillos, tener confianza en el amor y en la soberanía de Dios nos proveerá de un campo fértil para las oraciones perseverantes.

APRENDE A CONFIAR EN NUESTRO DIOS MISERICORDIOSO Y EN SUS PROPÓSITOS ETERNOS

> Porque como los cielos son más altos que la tierra,
> Así Mis caminos son más altos que sus caminos,
> Y Mis pensamientos más que sus pensamientos. (Isaías 55:9)

Estas palabras nos ofrecen tanto consuelo cuando no entendemos lo que Dios está tramando. Mis pensamientos y caminos a menudo son egoístas y cortos de vista. Anhelo un alivio inmediato y un sentido de la presencia de Dios. Pero incluso cuando parece que Dios me está tratando con la ley del hielo, Él está obrando.

71

Mi amigo Jeff tocó fondo cuando perdió su trabajo. Él había clamado a Dios por un trabajo por más de dos años; ¿por qué se lo quitaría Dios tan rápido? ¿No sabía que Jeff necesitaba proveer para su esposa y para sus cuatro hijos? ¿No sabía de los gastos médicos cada vez más grandes por la lucha de toda su familia contra la enfermedad de Lyme, por la situación degenerativa del tobillo de su esposa y por los trastornos de comportamiento de su hijo?

"Al dar todo de mí para encontrar un nuevo trabajo, oraba... no... rogaba que Dios interviniera", compartió Jeff.

Pero el Señor se tardó. Tuve que esperar, mes tras mes, y no parecía haber final a la vista. Muchos procesos de entrevistas de varios meses que señalaban a resultados prometedores terminaron todos con las puertas cerradas de una u otra manera inesperada.

Esperar fue difícil. Los "no" de Dios eran confusos cuando teníamos una necesidad tan genuina. Pero, mirando atrás, ahora puedo ver cómo me llevó a una dependencia más profunda en Cristo para cada paso, así como a una confianza mayor en Su provisión por nuestra familia. Con el tiempo, Él proveyó un nuevo trabajo. Y, para cuando lo hizo, yo era una persona profundamente diferente.[4]

Los creyentes que se encuentran en circunstancias como las de Jeff se enfrentan a la tentación de ensimismarse en autocompasión, amargarse e incluso hacerle eco al sentimiento de la esposa de Job: "Maldice a Dios y muérete" (Job 2:9). Pero el permanecer en Cristo mientras esperamos una respuesta activa Su mano de

---

4. Jeff Walton compartió esto en el libro que escribió junto con su esposa, Sarah: *Together Through the Storms: Biblical Encouragements for Your Marriage When Life Hurts* [Juntos a través de las tormentas: Aliento bíblico para tu matrimonio cuando la vida duele] (Charlotte: The Good Book Company, 2020), 112.

gracia para que pode las ramas sin fruto de nuestras vidas y nos forme a la imagen de Su Hijo.

Sigo anhelando alivio y sanidad para mi hijo y para mi familia, y en verdad necesitaba un trabajo para mantenerlos, pero la espera aumentó mi anhelo por más de Cristo y de Su gloria en nuestras vidas, incluso a pesar de la falta de comodidad terrenal. Eso nunca hubiera sucedido si Dios hubiera sanado a mi hijo en su infancia o si hubiera respondido la primera vez que oré por un empleo. Me ha amado lo suficiente como para demorarse. Y Él me ha amado lo suficiente como para permitir la muerte de tanto en mí (mi fuerza, comodidad, hambre de éxito y autoconfianza) con el fin de llevarme a una vida más sublime en Él y para glorificarse a Sí mismo.[5]

Sufrir el silencio de Dios a menudo es la mejor manera de aprender lo que es la oración verdadera: dependencia en nuestro Salvador, quien sustenta todas las cosas (ver Colosenses 1:17). Dios no quiere que oremos para manipularlo hasta lograr nuestra propia voluntad; Él quiere formarnos a la imagen de Su Hijo y escucharnos clamar con el corazón: "¡Hágase Tu voluntad!".

"Desarrollar una relación con nosotros es la meta de Dios —explica W. Bingham Hunter—, y las respuestas a nuestras oraciones son un método que Él utiliza para producir revelación propia, crecimiento y entendimiento tanto de Él como de nosotros mismos. Ya que somos más dados a peticiones que a acciones de gracias, es posible que una respuesta inmediata de parte de Dios a nuestras oraciones hiciera que despersonalizáramos nuestra idea de Él, y esto sería contraproducente para el crecimiento de nuestra relación con Él"[6].

5. Walton y Walton, 114.

6. W. Bingham Hunter, *The God Who Hears* [El Dios que escucha] (Downers Grove, IL: IVP Books, 1986), 79.

SU GRACIA TE BASTA SIN IMPORTAR LA SITUACIÓN

En 2 Corintios 12, el apóstol Pablo describe una experiencia en la que Dios le permitió dar un vistazo del "tercer cielo", también descrito como el "paraíso" (vv. 2-3). Pero Pablo reporta sólo que "escuchó palabras inefables que al hombre no se le permite expresar" (v. 4). Y, tras esta experiencia increíble, no escribió libros ni salió a una gira de conferencias. En cambio, regresó a casa a encontrarse con una sorpresa indeseada.

Dios permitió "una espina en la carne" de Pablo, un "mensajero de Satanás" (v. 7) para abofetearlo. Aunque no sabemos exactamente qué fue esta espina —el aguijón de una aflicción física, de una debilidad espiritual, de un comité innecesario en la iglesia o alguna otra adición dolorosa a su vida—, lo que sí sabemos es el propósito de Dios al dársela a Pablo: evitar que se enalteciera (ver v. 7). (Si yo hubiera hecho un viaje al cielo, ¡andaría con un poco de alarde también!). Como todo buen cristiano, Pablo clamó en tres ocasiones para que Dios le quitara la espina. Él no lo hizo. En cambio, Él respondió: "Te basta Mi gracia, pues Mi poder se perfecciona en la debilidad" (v. 9).

Dios estaba permitiendo que Pablo experimentara aflicción en lugar de un orgullo enaltecido. Imagino que la respuesta de Dios golpeó a Pablo como una tonelada de ladrillos. Yo le hubiera dicho: "Dios, ¿no te importa mi sufrimiento?". Pero la respuesta de Dios transformó a Pablo de una manera que permitió que el poder de Dios se manifestara en él (ver vv. 9-10). Después de contemplar las profundidades de la suficiencia infinita de la gracia de Dios, Pablo pudo gloriarse en su debilidad porque sabía que su dolor le traería gloria a Dios.

No hay momento alguno en tu vida entera en que no te baste la gracia de Dios. No existe ni prueba física ni batalla espiritual ni dolor emocional durante el cual Dios te abandone. Él está obrando en tu vida, como lo hizo en la de Pablo, para conformarte a la imagen de Su Hijo.

Pablo supo el propósito supremo por el cual Dios le respondía que no a sus oraciones. Pero puede que tú y yo nunca descubramos, en esta tierra, cuál es el propósito de Dios para nuestras pruebas. Y eso está bien. Podemos vivir y orar con la confianza de que Dios no desperdiciará nuestros esfuerzos en la oración o cualquier prueba que estemos experimentando. Podemos confiar en que Él obrará todas las cosas para bien de aquellos que lo amamos (ver Romanos 8:28), incluso si tenemos que esperar hasta la eternidad para probar el "bien" que resulta de nuestras circunstancias.[7]

MANTÉN UNA PERSPECTIVA ETERNA

La película *Una vida oculta* narra la historia verdadera de Franz Jägerstätter, un granjero austríaco que se negó a servir en el ejército de Hitler durante la Segunda Guerra Mundial por causa de su fe en Cristo. A lo largo de la película, se lo ve en oración, a veces cuando está orando las palabras del padrenuestro en la cárcel. La película demuestra el tremendo sufrimiento y dolor de Franz y de su familia. Muchos personajes le recomiendan que acepte una posición de no combatiente, como la de un médico, para salvarse de su ejecución inevitable; pero él se mantiene firme hasta el final y da su vida por ello.

Una escena desgarradora muestra a otro prisionero que se burla del sufrimiento de Jägerstätter con estas palabras: "¡Qué lejos estamos de tener el pan nuestro de cada día! ¡Qué lejos de ser librados del mal!", como queriendo decir que el sufrimiento a manos del Tercer Reich anula la idea de que Dios contesta las

---

7. Me gusta lo que Paul Miller dice: "Qué aburrida sería la vida si la oración funcionara como magia. No habría ni relación con Dios ni victoria sobre pequeños remanentes de maldad". Paul E. Miller, *A Praying Life: Connecting with God in a Distracting World*, ed. rev. [Una vida de oración: La conexión con Dios en un mundo que distrae] (Colorado Springs: NavPress, 2017), 203.

oraciones.[8] La manera en que *Una vida oculta* ilustra la historia de Jägerstätter hasta llevó a un crítico a decir que uno de sus puntos centrales es que "Dios no responde a las oraciones"[9]. Lo que este crítico, así como muchos creyentes, no reconoce es que Dios obra en el plano de la eternidad.

Vemos esto otra vez con el apóstol Pablo, quien enfrentó una situación similar a la de Franz y quien, como este, terminó dando su vida en nombre de Cristo. Al final de su última carta, Pablo pudo proclamar con valentía: "El Señor me librará de toda obra mala y me traerá a salvo a Su reino celestial" (2 Timoteo 4:18). Y, sin embargo, poco después de que escribiera Pablo estas palabras, el Imperio romano lo ejecutó. ¡Eso no parece un rescate!

Pero una perspectiva eterna recuerda que *nada* —ni el Tercer Reich ni el Imperio romano ni algún enemigo futuro— nos puede separar del amor de Dios en Cristo Jesús (ver Romanos 8:38-39). A final de cuentas, Dios utilizó la muerte de Franz Jägerstätter y la de Pablo como el medio de su rescate, como el vehículo para transportarlos a la vida eterna con su Salvador. La muerte es un enemigo derrotado (ver 1 Corintios 15:54-58). La muerte es el final de nuestro camino de sufrimiento y el principio de los placeres que experimentaremos para siempre en la presencia de Dios (ver Salmo 16:11).

HACIA UNA SUMISIÓN HUMILDE Y GOZOSA

Mientras estaba en el huerto la noche antes de Su crucifixión, el Señor Jesucristo oró tres veces que Dios lo librara del sufrimiento

8. Escena 20 de *Una vida oculta*, dirigida por Terrence Malick (2019; Beverly Hills, CA: Twentieth Century Fox Home Entertainment, 2020), DVD.

9. Erik Henriksen, "The First Half of Terrence Malick's *A Hidden Life* Is Great" ["La primera parte de *Una vida oculta* por Terrence Malick es excelente"], *Blogtown*, Portland Mercury, 20 de diciembre de 2019, www.portlandmercury.com /blogtown/2019/12/20/27668144/the-first-half-of-terrence-malicks-a-hidden-life -is-great.

de la cruz: "Padre Mío, si es posible, que pase de Mí esta copa; pero no sea como Yo quiero, sino como Tú quieras" (Mateo 26:39). Pero Dios el Padre le contestó que no a la oración de Dios el Hijo. Y ¡gloria a Dios que lo hizo! La santa sumisión del Hijo a la voluntad del Padre hizo posible nuestra redención. Él pudo soportar la cruz "por el gozo puesto delante de Él" (Hebreos 12:2). Jesús tenía una perspectiva a largo plazo de lo que Dios estaba logrando a través de Su intenso sufrimiento. Cuando nos damos cuenta de cómo Dios obra y nos plantamos sobre las promesas inamovibles del evangelio, podemos someternos con más facilidad y gozo a la voluntad de nuestro amoroso Padre celestial.

Me encanta cómo lo dijo W. Bingham Hunter:

> Sin importar el gigante espiritual en que te conviertas, habrá días en los que la respuesta de Dios a tus oraciones será que no. A pesar de que busques, de que escudriñes y de que derrames tu alma ante Él, tu Padre celestial ha decidido no otorgarte tu petición. Cuando esto sucede, tu *actitud* se vuelve un factor vital. ¿Estás dispuesto a entregarle tu pena, tu decepción e incluso tu dolor a Cristo, quien murió por ti [...] y después comenzar a orar de nuevo? Los problemas de oración usualmente no son del intelecto, sino de la voluntad. Al orar de manera efectiva, la sumisión de tu voluntad está directamente relacionada con encontrar la voluntad de Dios. La oración que Dios contesta siempre es ofrecida con una actitud de sumisión.[10]

¡Cuán increíble esperanza tenemos, incluso en tiempos de frustración! Tenemos un Dios del todo sabio que brinda suficiente gracia para suplir todas nuestras necesidades. Puede *parecer* que a veces no nos escucha, pero podemos seguir clamando a Él con confianza y esperanza, con el conocimiento de que nos

---

10. Hunter, *The God Who Hears*, 65.

maravillaremos por Su sabiduría, justicia y cuidado amoroso por toda la eternidad. ¡Gloria a Dios!

ORACIÓN

Amado Padre celestial, gracias por escuchar mis oraciones, aun cuando no siempre siento que lo hagas, y por responderlas incluso cuando no siempre me gusten Tus respuestas. Por favor, expón el pecado en mi vida que me aleja de Ti. Profundiza mi confianza en Tu gracia suficiente y Tu soberanía gloriosa. Te alabo porque, aunque espero y sufro en esta vida, siempre puedo confiar en cómo estás haciendo que todas las cosas cooperen para mi bien (ver Romanos 8:28). Ayúdame a mantenerme firme en la oración para Tu gloria. En el nombre de Jesús, amén.

PREGUNTAS PARA REFLEXIONAR

1. ¿Alguna vez has pasado por una época en la que parece que Dios está distante y que no escucha tu oración? De ser así, ¿por qué te pareció que así fuera? Y ¿cómo podría este capítulo aclarar esa lucha?
2. ¿Cómo te ha desafiado el esperar la respuesta de Dios? ¿Cómo te ha hecho más como Cristo?
3. ¿Cómo podría la verdad de que la gracia de Dios te basta impactar los temores más grandes que tienes en esta vida?
4. ¿Y si Dios contestara cada una de tus oraciones... pero no en esta vida? ¿Cómo cambiaría eso tus oraciones?

5

Tengo motivaciones encontradas

"Todos los caminos del hombre son limpios ante sus propios ojos,
Pero el SEÑOR *sondea los espíritus".*
—Salomón, Proverbios 16:2

"¡Kevin me regresó el golpe!". Mi hermanita Kelly corrió a mi mamá con estas palabras después de un "altercado" que tuvimos de muy pequeños. Revelar mi pecado, sin saberlo, reveló su propio pecado: ¡que ella había instigado la pelea! Y ahora, sus cómicas palabras sobreviven en la tradición de la familia Halloran.

Nuestras oraciones pueden revelar pecados dentro de nosotros de manera similar. Santiago, el hermano de Jesús, mencionó en su epístola no una, sino dos luchas que tenemos relacionadas con la oración. La primera lucha es la mayor de todas: la falta de oración. "No tienen, porque no piden" (Santiago 4:2). Y el siguiente versículo menciona otra lucha considerable en cuanto a la oración: orar con motivaciones impuras. "Piden y no reciben, porque piden con malos propósitos, para gastarlo en sus placeres" (v. 3). Santiago escribió estas palabras para lidiar con un conflicto en la iglesia. Pleitos, conflictos y guerras abundaban dado este conflicto (ver v. 1),[1] lo cual era el resultado natural de la ambición egoísta y de los celos que batallaban dentro de sus lectores (ver Santiago 3:14-16). Y pasiones pecaminosas como las que Santiago mencionaba no solo causan conflictos con nuestros semejantes, sino que provocan un conflicto con Dios también.

Al considerar las motivaciones pecaminosas detrás de nuestras oraciones, necesitamos buscar las causas de raíz. Santiago menciona varios pecados que yacen detrás de las malas motivaciones: los celos amargos, la ambición egoísta, la codicia y el desorden. Podríamos expresar cualquiera de estos pecados al pedir algo con mala motivación o por razones egoístas, como pedir un Ferrari o un boleto ganador de la lotería. Podemos incluso pedir algo que al parecer es *bueno* con motivaciones equivocadas, como bendiciones relacionales o un ministerio más grande. ¿Quiero bendiciones relacionales simplemente para facilitarme la vida? ¿Es mi deseo de un ministerio más grande para la gloria de Dios o para la mía? A menudo, es más difícil detectar cuando estamos pidiendo cosas buenas con motivación equivocada. Como un misionero llamado Derrick me confesó: "Puedo hacer que las cosas parezcan necesidades piadosas, pero en lo profundo de mi corazón, sé que hay una motivación equivocada". Y Eugene Peterson escribe que "todo lo que es deshonroso en nosotros —la lujuria, la avaricia, el orgullo, la vanidad— se disfraza en la oración"[2].

¿Cómo podemos descubrir estas motivaciones pecaminosas que yacen detrás de nuestras oraciones para no llegar con Dios con el equivalente de "¡Kevin me regresó el golpe!"? ¿Cómo podemos honrar a Dios cuando no estamos seguros de nuestras motivaciones? Estas son las preguntas que responderemos en este capítulo.

1. Ya que Santiago les escribió a "las doce tribus que están en la dispersión" (Santiago 1:1), probablemente era un patrón de conflictos en muchas iglesias y no en una específica.

2. Eugene H. Peterson, *Answering God: The Psalms as Tools for Prayer* [Responderle a Dios: Los Salmos como herramientas para la oración] (1989; reimp., San Francisco: Harper San Francisco, 1991), 5.

TRES PREGUNTAS PARA DIAGNOSTICAR NUESTRAS MOTIVACIONES

Discernir nuestras motivaciones no siempre es blanco y negro. Como pecadores justificados, siempre debemos sospechar de nuestros corazones pecaminosos. "La tentación de usar mal la oración nos es nativa y le viene [...] de manera automática a cada creyente", escribe Ole Hallesby.[3] Nuestra meta detrás de evaluar nuestras motivaciones también debe ser tener un corazón puro ante Dios, no necesariamente que nuestras oraciones sean contestadas como nos gustaría.

Las siguientes preguntas de diagnóstico se sobreponen un poco porque es más fácil exponer motivaciones sucias si las alumbramos desde diferentes ángulos. Si no puedes responder a las siguientes preguntas de manera afirmativa, entonces tus oraciones están fuera de lugar y es hora de revisar tu corazón.

1. ¿Estoy orando para la gloria de Dios?

Dios nos llama a hacer todo para Su gloria (ver 1 Corintios 10:31), incluyendo la oración. Es por esto que Jesús nos enseña que "todo lo que pidan en Mi nombre, lo haré, *para que el Padre sea glorificado en el Hijo*" (Juan 14:13). Cuando oramos para nuestra propia gloria, chocamos con los propósitos de Dios y nos exaltamos a nosotros mismos por encima de Él. Y nuestras motivaciones pecaminosas a menudo se disfrazan tan bien que pensamos que estamos buscando la gloria de Dios cuando no lo estamos haciendo.

W. Bingham Hunter describe una manera sutil de buscar en secreto tu propia gloria como "orar con *fe en tu fe*"[4]. Este tipo de oración tuerce la buena promesa de oración contestada y la transforma

---

3. O. Hallesby, *Prayer* [La oración], trad. Clarence J. Carlsen, ed. actualizada (Minneapolis: Augsburg Fortress, 1994), 122.
4. W. Bingham Hunter, *The God Who Hears* [El Dios que oye] (Downers Grove, IL: IVP Books, 1986), 161.

en una fórmula. *Si oro con suficiente fe, ¡obtendré lo que quiero!* Y esto no solo no glorifica a Dios, sino que a menudo tampoco funciona. Hunter explica cómo orar de esta manera lleva a la frustración:

> Cuando la respuesta no llega, nos quedan solo preguntas: ¿Tuve suficiente fe? ¿Mis amigos que oraron conmigo tuvieron suficiente fe? ¿Debí haber ayunado o, tal vez, apropiado una promesa diferente? La atención se centra en los métodos de oración y en las técnicas para generar fe. Los pensamientos se centran en nosotros. Luego, comienzan a cambiar con envidia medible hacia aquellos que aparentemente tuvieron suficiente fe: ¿Por qué él o ella sí y yo no? La progresión puede terminar en especulaciones sobre el amor, la justicia y la bondad de Dios. ¿Los resultados? Nos sentimos marginados de nosotros mismos: tenemos demasiada poca fe. Nos sentimos marginados de otros: ellos sí tuvieron suficiente fe. Y nos sentimos marginados de Dios, quien diseñó tal sistema en primer lugar. En esencia, le estamos diciendo a Dios cómo glorificarse en nuestras vidas [...] y Él no lo hizo.[5]

Orar para la gloria de Dios significa permitir que Su sabiduría soberana decida qué hacer con tus oraciones y tu vida. Significa mantener nuestra atención en Él y en Su gloria por encima de la nuestra. "La oración no es una herramienta conveniente para imponerle nuestra voluntad a Dios, ni para forzar Su voluntad a la nuestra, sino la manera prescrita para subordinar nuestra propia voluntad a la Suya"[6]. Cuando no podemos orar y decir en serio "Hágase Tu voluntad", en esencia le estamos diciendo a Dios: "Hágase mi voluntad".

Unas pocas preguntas te ayudarán a evaluar si estás orando para la gloria de Dios:

---

5. Hunter, 161-62.
6. John R. W. Stott, *The Letters of John: An Introduction and Commentary* [Las cartas de Juan: Una introducción y comentario], ed. rev., Tyndale New Testament Commentaries (Grand Rapids: William B. Eerdmans, 1988), 188.

- ¿Haría que el nombre de Dios sea exaltado la respuesta deseada a tú oración?
- ¿Te acercaría a Dios, o te alejaría de Él, tu respuesta deseada a esta oración?
- ¿Cómo impactaría en otros tu respuesta deseada a esta oración? ¿Te ayudaría a amarlos más?
- ¿Jesús oraría esta oración en esta misma situación?[7]

2. ¿Estoy orando conforme a las Escrituras?

Esta pregunta provee una prueba decisiva para nuestras motivaciones. Si alguna vez oramos por algo que está prohibido en las Escrituras (y, por lo tanto, fuera de la voluntad de Dios), no podemos esperar recibir la respuesta que deseamos. Y es probable que tengamos un ídolo en nuestras vidas del cual arrepentirnos. R. C. Sproul expone una manera particularmente engañosa de hacer esto:

Los que se dicen cristianos a menudo le piden a Dios que bendiga o apruebe su pecado. Son incluso capaces de decirles a sus amigos que han orado por un asunto específico y Dios les ha dado paz a pesar de que la petición era contraria a Su voluntad. Tales oraciones son actos disimulados de blasfemia, y le echamos más sal a la herida cuando nos atrevemos a anunciar que el Espíritu de Dios ha aprobado nuestro pecado al darle paz a nuestras almas. Tal paz es una paz carnal y no tiene nada que ver con la paz que sobrepasa todo entendimiento, la paz que el Espíritu se agrada en otorgarles a aquellos que aman a Dios y aman Su ley.[8]

---

7. Esta última pregunta es una paráfrasis de Hunter en *The God Who Hears*, 198.
8. R. C. Sproul, *The Invisible Hand: Do All Things Really Work for Good?* [La mano invisible: ¿En verdad cooperan todas las cosas para el bien?] (1996; reimp., Phillipsburg, NJ: P&R, 2003), 209, citado en Paul Tautges, *Brass Heavens: Reasons for Unanswered Prayer* [Cielos de latón: Razones detrás de oraciones no contestadas] (Adelphi, MD: Cruciform Press, 2013), 27.

No pases por alto el último punto de Sproul: la paz no proviene de Dios si es una "paz" que sentimos cuando nuestras acciones van en contra de la verdad de las Escrituras. Debemos sopesar cada oración y cada motivación frente a la Palabra de Dios.[9] Cuando estamos claramente en contra de la Palabra, necesitamos arrepentirnos. Cuando no estamos seguros, necesitamos pedirle a Dios que revele el pecado en nosotros y considerar qué deseos negativos y emociones poderosas pueden estar torciendo nuestras oraciones.

3. ¿Estoy buscando la humildad y la santidad?

Después de que Santiago explica el peligro de orar con motivaciones impuras, comparte cómo podemos arrepentirnos de ellas. Él cita Proverbios, donde dice que "Dios resiste a los soberbios, pero da gracia a los humildes" (Santiago 4:6; cp. Proverbios 3:34), y luego presenta esta serie de mandamientos:

Sométanse a Dios.

Resistan, pues, al diablo y huirá de ustedes.

Acérquense a Dios, y Él se acercará a ustedes.

Limpien sus manos, pecadores; y ustedes de doble ánimo, purifiquen sus corazones.

Aflíjanse, laméntense y lloren.

Que su risa se convierta en lamento y su gozo en tristeza.
(Santiago 4:7-9)

---

9. También vale la pena mencionar aquí la utilidad de orar con regularidad las Escrituras; esto nos ayuda a mantener nuestros corazones y nuestras motivaciones ligadas a la verdad de la Palabra. Hacerlo es un mecanismo para filtrar la oración que hace que discernir nuestras motivaciones sea más fácil y automático.

Y entonces cierra con aquello que engloba todo lo que ha estado diciendo: "Humíllense en la presencia del Señor y Él los exaltará" (v. 10). En esencia, Santiago coloca los mandamientos a arrepentirse entre dos llamados a la humildad.

Ser humildes ante Dios es una parte clave de probar nuestras motivaciones porque n°. 1: reconoce que nuestras motivaciones pueden estar desordenadas; y n°. 2: admite que Dios conoce nuestras motivaciones pecaminosas y puede revelárnoslas. Si queremos discernir adecuadamente nuestras motivaciones, necesitamos buscar la humildad y la santidad, porque una vida de pecado y de orgullo nublará nuestra vista espiritual y hará difícil que discernamos nuestras verdaderas motivaciones.

Santiago ordena la santidad y la reconciliación con Dios. El hombre de "doble ánimo" que se menciona en Santiago 1:8 es alguien que dice amar a Dios pero que *en realidad* ama el pecado. Santiago dice en los versículos 7 y 8 que el hombre de doble ánimo es "inestable en todos sus caminos" y que "no piense [...] que recibirá cosa alguna del Señor". ¿Ha encontrado el pecado un agarre en tu corazón? Aquellos que aman a Jesús guardan Sus mandamientos (ver Juan 14:15). En humildad, arrepiéntete de cualquier doble ánimo en tu vida y busca a Dios como tu amor más grande. Una vida sana de oración nunca debe estar divorciada de una vida fiel de obediencia cristiana.[10]

EL BARANDAL DE LA PRUDENCIA

Prudencia significa "discernir y distinguir lo que es bueno o malo, para seguirlo o huir de ello".[11] Si aplicamos esta definición al contexto de discernir las motivaciones detrás de nuestras oraciones,

---

10. Siempre vale la pena mencionar que los mandamientos de Dios son para nuestro gozo y bien y que, por naturaleza, no son una carga. Ver Juan 15:7-11; 1 Juan 5:3.

11. *Real Academia Española: Diccionario de la lengua española*, 23.ª ed. (2021), s.v. "prudencia".

la prudencia significa tener mucho cuidado al acercarnos a Dios cuando sospechamos que nuestras motivaciones no están sincronizadas con Su Espíritu. En especial, necesitamos tener cuidado en cuanto a cómo oramos y cómo pensamos en situaciones intensas y emocionalmente cargadas.

El pastor y profesor Bryan Chapell describe una experiencia que él y su esposa tuvieron al conducir en una tormenta de nieve sobre una calle peligrosa.[12] La fuerte nieve casi los cegaba de ver lo que había delante de ellos, pero fueron lo suficientemente afortunados como para ver barandales a lo largo de ambos lados del camino. Aunque no podían ver muy lejos, mantener sus ojos en aquellos barandales les decía que iban en la dirección correcta... ¡y que seguían encima del camino! Tal como los barandales mantuvieron al Dr. Chapell y a su esposa seguros mientras avanzaban en medio de esa tormenta de nieve, nuestro enfoque en la santidad y en la prudencia nos impedirá que nos desviemos del camino y que caigamos en la zanja de las motivaciones equivocadas al orar.

David nos da un gran ejemplo de prudencia cautelosa ante las motivaciones desconocidas en el Salmo 139. En este salmo, él alaba a Dios por Su conocimiento íntimo de cada detalle de la existencia de David desde su concepción. En la quinta estrofa, él le pide a Dios que destruya a Sus enemigos y utiliza palabras duras: "¡Oh Dios, si Tú hicieras morir al impío!" (v. 19) y "aborrezco [a Tus enemigos] con el más profundo odio" (v. 22d). Sin embargo, antes de que David termine su oración, él le pide a Dios que pruebe su corazón y que se asegure de que no ha sobrepasado el límite con su petición.

Escudríñame, oh Dios, y conoce mi corazón;
Pruébame y conoce mis inquietudes.

12. El Dr. Bryan Chapell relata esta historia en *Praying Backwards: Transform Your Prayer Life by Beginning in Jesus' Name* [Orar al revés: Transforma tu vida de oración al comenzar con en el nombre de Jesús] (Grand Rapids: Baker Books, 2005), 141-42, y yo la utilizo con el mismo propósito de llamar a la justicia (yo uso la palabra *santidad*) y a la prudencia los dos barandales que nos mantienen orando en el camino de la voluntad de Dios.

Y ve si hay en mí camino malo,
Y guíame en el camino eterno. (Salmo 139:23-24)

David sabía que Dios lo conocía. Él conocía cada pensamiento de David, incluso cuando despotricaba contra los impíos, y David invitaba la prueba ("pruébame y conoce mis inquietudes") y la guía ("guíame en el camino eterno") de Dios. Él ejercía prudencia y deseaba el continuo poder de limpieza y de purificación de Dios para ayudarlo a alejarse de los errores potenciales en sus oraciones y en su vida. Cuando no puedas discernir las motivaciones de tu corazón, ora Salmo 139:23-24. Ora también Salmo 19:14, el cual dice: "Sean gratas las palabras de mi boca y la meditación de mi corazón delante de Ti, oh SEÑOR, roca mía y Redentor mío". Recuerda la gloriosa promesa de Santiago 1:5 de que la sabiduría de Dios siempre está disponible en abundancia si tan solo la pides. Compártele a tu cónyuge o a un amigo o a un pastor de confianza tus motivaciones encontradas para que ellos puedan aclarar más la situación. Cuando busco con prudencia la revelación de Dios sobre mis motivaciones, rara vez le lleva mucho tiempo revelar al pecado y mostrarme cómo pensar.

A veces, hacernos aquellas preguntas de diagnóstico que vimos antes filtrará nuestras motivaciones equivocadas y las hará evidentes. En otras ocasiones, nuestras motivaciones seguirán siendo más ambiguas: *Creo* que estoy orando de manera correcta, pero no estoy seguro. En tales ocasiones, tenemos que caminar humildemente por el sendero de la santidad y la prudencia y confiar en que Dios nos guiará.

CÓMO SEGUIR ORANDO CUANDO NO ESTÁS SEGURO DE TUS MOTIVACIONES

Cuando mi hija era pequeña, le encantaba caminar al parque al final de la calle. Me encantaba verla correr por la acera y dar chillidos de gozo mientras anticipaba llegar a nuestro destino. Su sonrisa de oreja a oreja, sus pasos entrecortados y sus brazos abiertos como si estuviera abrazando al mundo entero siempre conmovían mi corazón. Pero aunque el parque está cerca, el camino presentaba algunos peligros para un niño pequeño. Hay que cruzar una de las avenidas principales del vecindario, la cual tiene más tráfico que nuestra propia calle. El cruce está en un punto donde los autos de la izquierda dan vuelta a ciegas y los de la derecha vienen subiendo la loma, así que los conductores en ambas direcciones tienen poco tiempo para reaccionar a pequeños emocionados que se lanzan a cruzar la calle. Una vez que cruzas con éxito la calle, el siguiente peligro potencial es un estanque, cuya fauna es especialmente atractiva para una niñita.

Habría sido una locura permitir que mi hijita de dos años caminara hasta el parque por sí sola. Había demasiados peligros, y a ella le faltaba demasiada experiencia. Pero cuando su mamá y yo caminábamos con ella, ella estaba segura porque la tomábamos de la mano antes de que pudiera lanzarse a cruzar la calle o acercarse demasiado al estanque para saludar a los patos. Incluso si tomaba varios pasos hacia el peligro, siempre la agarrábamos a tiempo y la regresábamos al camino para asegurar que llegara a salvo a nuestro destino. Dios hace lo mismo por nosotros cuando nuestras motivaciones se desvían al orar.

Considera a Liza, una amiga de mi esposa. Ella luchaba con sus motivaciones detrás del deseo que sentía por aceptar una oportunidad potencial para servir como consejera del gobierno de su localidad. ¿Quería el papel para servir a Dios y a otros o para buscar su propio prestigio personal? Y tenía muchas excusas para decir que no: no tenía experiencia alguna en el gobierno y odiaba ser el centro de atención. No quería pasar más tiempo lejos de su familia, y no quería sentir que los ojos de todos estaban sobre ella. Decir que no también podría haber reflejado buenas motivaciones, si lo hacía por temor a que la oportunidad le quitara demasiado tiempo de su familia, o podría haber reflejado motivaciones *equivocadas*, si resultaba ser una manera de huir del llamado de Dios, como lo hizo Jonás. Consciente de que sus motivaciones tenían el potencial de contaminarse, colocó la situación a los pies del Señor en oración.

A medida que buscaba la voluntad del Señor durante los siguientes días, Él le habló por medio de un versículo específico de Su Palabra: Ester 4:14, donde Mardoqueo le dice a Ester: "¿Quién sabe si para una ocasión como esta tú habrás llegado a ser reina?". Liza nos dijo: "Acababa de encontrarme con ese versículo, mientras leía la Biblia en medio de mi decisión, y *comenzó a perseguirme a dondequiera que iba*. En una tienda, ahí estaba en un cuadro. En un sermón, era el pasaje central. Lo vi en redes sociales y lo escuché en la radio. Una amiga me envió un mensaje de texto con este versículo sin estar enterada de mi situación. Quedó claro. Y pronto me di cuenta de que sería una Jonás si huía de esta oportunidad para servir".

Dios no siempre nos guiará de maneras tan evidentes como con Liza (¡aunque es lindo cuando lo hace!). A veces, Él simplemente quiere que demos un paso de fe y confiemos en Él cuando nuestras motivaciones no son claras. La historia de Liza nos recuerda que el Señor es nuestro Buen Pastor, quien nos guía "por senderos de justicia por amor de Su nombre" (Salmo 23:3). Si permanecemos en el camino de la voluntad de Dios al vivir de manera justa para Él y cuidamos cómo nos acercamos a Él en oración, Él nos guiará en lo correcto. Él lo hará por amor a nosotros, porque nos ama como Sus hijos, y lo hará por amor a Su propio nombre, porque alejar a un hijo perdido del peligro le trae gloria a Su nombre.

LO PEOR QUE PODRÍAS SACARLE A ESTE CAPÍTULO

Espero que este capítulo te haya enseñado cómo pensar —y orar— cuando experimentas motivaciones potencialmente erróneas. Pero hay una reacción que podrías tener a este capítulo que me haría desear nunca haberlo escrito: si terminas con tal temor de orar con motivaciones equivocadas que no oras más.

Si dejamos que el temor guíe nuestras vidas en lugar de confiar en Dios, nos perdemos de ser guiados por Él. Mi hija nunca hubiera experimentado los gozos del parque si nos hubiéramos encerrado en casa para evitar los peligros. Y nuestra amiga Liza se habría perdido de una gran oportunidad para crecer en Cristo, y para ser luz para Él en un mundo de tinieblas, si el miedo la hubiera paralizado.

Incluso cuando no sabemos cuáles son nuestras motivaciones, si estamos siguiendo al Buen Pastor, viviendo a la luz de Su Palabra (ver Salmo 119:105) y examinándonos con humildad al orar, Él nos guiará por un camino bien iluminado. Dios está obrando en nuestras vidas cuando no sabemos cómo orar... e incluso cuando oramos mal. Su Hijo y Su Espíritu interceden por nosotros conforme a Su voluntad (ver Romanos 8:26, 34) y ellos filtrarán —e incluso *corregirán*— las oraciones contaminadas.

No permitas que el temor a las motivaciones erróneas te aleje de la oración. Continúa orando en humilde confianza.

ORACIÓN

Padre, mi corazón pecaminoso a menudo me engaña para orar con motivaciones equivocadas. Líbrame de estas motivaciones equivocadas y enséñame qué significa orar —y vivir— para Tu gloria y con las motivaciones correctas. Gracias porque Tu Palabra es como una brújula que nos muestra la dirección que nuestros corazones deben tomar, y gracias por protegerme de salirme del camino cuando oro. Sé mi deleite y mi más grande gozo. En el nombre de Jesús, amén.

PREGUNTAS PARA REFLEXIONAR

1. ¿De qué maneras has sido tentado a orar oraciones egoístas?
2. ¿Cuáles son algunos de los pecados detrás del pecado de orar con motivaciones equivocadas?
3. ¿Cómo puede orar las Escrituras ser una solución para las motivaciones equivocadas al orar?
4. ¿Por qué no nos debe impedir orar el miedo a orar con motivaciones equivocadas?

6

No me puedo enfocar

"Mientras más trabajo nos cueste concentrarnos, con más esfuerzo debemos trabajar por conseguirlo".
—*Juan Calvino*, Institutes of the Christian Religion
  (Institución de la religión cristiana)

De todas las luchas que tengo en la oración, puede que la falta de enfoque sea la más grande.

La mayor parte de mi tiempo de oración es en la mañana, con mi Biblia en mi regazo, un resaltador en una mano y un café en la otra. Una mañana, comencé mi tiempo de oración y, para cuando me di cuenta, ya había ido al baño, revisado mi correo, rellenado mi café, enviado un mensaje de texto y hasta recortado las uñas de mis pies. *¿Cómo pude distraerme tanto?*

Desafortunadamente, lo que sucedió esa mañana no es raro para mí. Si no tengo cuidado, esta se vuelve mi rutina diaria. A veces, acallar mi mente para la oración se siente como darle un helado a un niño de cuatro años y decirle que debe permanecer sentado y calladito. ¡No sucederá!

Quizás te identifiques con mi lucha. No es casualidad que las Escrituras ordenen un pensamiento claro y enfocado cuando oramos. El apóstol Pedro nos exhorta: "Sean pues ustedes prudentes y de espíritu sobrio para la oración" (1 Pedro 4:7), y el apóstol Pablo añade: "Perseveren en la oración, velando en ella" (Colosenses 4:2).

Incluso grandes héroes de la fe han luchado con enfocarse al orar. C. S. Lewis una vez confesó: "Incidentalmente, lo que más a menudo interrumpe mis propias oraciones no son las grandes distracciones, sino las pequeñas: cosas que uno tendrá que hacer o evitar en el curso de la siguiente hora"[1]. O considera esta advertencia de Charles Spurgeon (la cual supongo surge de su propia experiencia): "No permitan que sus mentes se distraigan con facilidad, o a menudo verán su devoción destruida"[2].

Aunque no existe una receta mágica para vencer las distracciones y enfocarnos al orar, sí podemos minimizar la atracción de lo que nos distrae. Primero, necesitamos entender por qué es tan destructiva la distracción.

LA DISTRACCIÓN ES PEOR DE LO QUE TE IMAGINAS

El enfoque es esencial en todas las áreas de la vida, no solo en la oración. ¿Cómo te sentirías si tu conductor de Uber leyera un libro mientras maneja? ¿O quizás preferirías que tu cirujano estuviera enviando mensajes de texto durante una operación? Claro que no. Y, sin embargo, nosotros permitimos que las distracciones nos roben la atención, lo cual tiene resultados que a menudo son mucho más sutiles que un accidente de tránsito o una cirugía arruinada.

"Con las distracciones constantes en nuestras vidas, rápidamente nos estamos convirtiendo en personas de pensamiento

1. C. S. Lewis, *Letters to an American Lady* [Cartas a una dama americana], ed. Clyde S. Kilby (reimp., San Francisco: HarperOne, 2014), 73.

2. C. H. Spurgeon, *The Sword and Trowel: 1878* [La espada y el desplantador: 1878] (Londres: Passmore & Alabaster, 1878), 136, citado en Tony Reinke, *12 Ways Your Phone Is Changing You* (Wheaton, IL: Crossway, 2017), 128. Publicado en español como *Hechizo digital: 12 maneras en las que tu dispositivo te está cambiando*.

superficial, y los pensamientos superficiales conducirán a una vida superficial —escribe el autor Tim Challies—. Esta dinámica es una simple e inevitable progresión: Distracción —> Pensamiento superficial —> Vida superficial"[3].

Aunque muchas personas dicen no querer una vida superficial, permitir que las constantes distracciones se introduzcan en sus vidas contradice esta afirmación. Tim Wu, autor del libro *The Attention Merchants* (*Comerciantes de la atención*), comparte esta solemne advertencia: "Cuando lleguemos al final de nuestros días, nuestra experiencia de vida será equivalente a las cosas que han atrapado nuestra atención, ya sea por elección o por defecto"[4]. Aunque esta puede ser una exageración para los creyentes (¡porque no podemos olvidarnos de la gracia!), se entiende el punto. Un día, rendiremos cuentas por lo que hemos hecho con el tiempo y los talentos que Dios nos ha encomendado.

Quizás el peor efecto de permitir que la distracción desvíe nuestras oraciones es el mensaje que le envía a Dios: *Mis pensamientos y ansiedades triviales son más importantes que Tú*. Dios no aprecia tu atención a medias al igual que mi esposa no disfruta saber que le estoy prestando más atención a la televisión que a ella durante alguna conversación importante. Comprometámonos a honrarlo al disciplinar nuestras mentes para orar con fidelidad.

¿POR QUÉ ESTAMOS TAN DISTRAÍDOS?

Ya que un tratamiento adecuado requiere un diagnóstico correcto, veamos por qué es tan fácil que nos distraigamos. Permíteme ofrecer seis sugerencias.

---

3. Tim Challies, *The Next Story: Life and Faith after the Digital Explosion* [La siguiente historia: La vida y la fe después de la explosión digital] (Grand Rapids: Zondervan, 2011), 117.

4. Tim Wu, *The Attention Merchants: The Epic Scramble to Get Inside Our Heads* (Nueva York: Alfred A. Knopf, 2016), 7. Publicado en español como *Comerciantes de atención: La lucha épica por entrar en nuestra cabeza*.

1. Tenemos deseos que compiten entre sí

Los deseos mueven nuestras vidas, ya sea que nos demos cuenta o no. Cuando tu mente deambula hacia tu lista de quehaceres, tus pasatiempos, tus preocupaciones o cualquier otra cosa cuando estás orando en lugar de enfocarse en Dios, tu deseo por esas otras cosas supera a tu deseo por Dios.

El miedo a perdernos algo (FOMO por sus siglas en inglés) nos motiva a estar a la moda, a siempre querer lo mismo que el vecino o a mantenernos al tanto de las últimas noticias. Cuando estás orando, este miedo puede susurrarte que revisar lo último en las redes sociales o en tu sitio web favorito es mejor que conectarte con Dios. Puede provocar que sobrecargues tu agenda, de tal manera que te quedes sin tiempo para la oración, porque simplemente existen demasiadas oportunidades emocionantes que no puedes perderte.

Lo único que deberíamos temer perdernos es la voluntad de Dios para nuestras vidas. Nuestro mundo está saturado de información, de oportunidades y del "próximo éxito", lo cual será cosa del pasado en unos cuantos meses (o antes). Nuestras vidas están en el lugar que les corresponde solo cuando Dios es nuestro más grande deseo (ver Salmos 37:4; 73:25-26).

2. Nunca nos enfocamos en enfocarnos

Muchos de nosotros no hemos diagnosticado de manera activa nuestra falta de enfoque ni hemos buscado crecer. La habilidad para enfocarse es como un músculo que puede ser fortalecido con el tiempo. ¿Alguna vez lo has ejercitado? Te sorprendería cuán productivo puede ser pasar quince minutos pensando en tus distracciones más comunes y cómo luchar contra ellas. La siguiente sección de este capítulo te dará sugerencias prácticas para ayudarte a crecer en tu habilidad para enfocarte.

3. Las presiones de la vida nos cargan

Tienes trabajo que hacer, facturas que pagar y una familia que cuidar. Tienes un auto que necesita mantenimiento y una relación que también lo necesita. Quizás estés trayendo cargas de tu trabajo a casa también. Todas estas presiones pueden hacer que enfocarse sea un reto. (Y, desafortunadamente, pueden ahogar nuestra fe también; ver Marcos 4:18-19).

4. Somos flojos

Quizás pospongas tareas aburridas hasta un momento en que tengas ganas de hacerlas, pero ese momento nunca parece llegar. ¿Evitas asuntos importantes porque no quieres gastar energía mental en una decisión o tarea difícil? Eso se llama flojera, amigo mío. Y cuando sumas lapsos de tiempo perdido durante varias décadas, el resultado es... bueno, de seguro querremos postergar el pensar en algo así.

5. Usar la tecnología nos condiciona a estar distraídos

La tecnología solía parecer una herramienta neutral. Sin embargo, cada vez está más claro que los gigantes tecnológicos usarán cualquier medio de atracción para que sigas utilizando sus productos constantemente con el fin de recolectar datos sobre ti y luego venderlos.[5]

Y no solo combatimos con fuerzas externas que luchan por captar nuestra atención, sino que también batallamos internamente con corazones pecaminosos que *disfrutan* la distracción. Los estudios muestran que la persona promedio revisa su celular cada doce minutos: alrededor de ochenta veces al día.[6] Cuando nuestros

5. Ver Cal Newport, "A Lopsided Arms Race" [Una carrera armamentística desequilibrada], cap. 1 en *Digital Minimalism: Choosing a Focused Life in a Noisy World* (Nueva York: Portfolio, 2019). Publicado en español como *Minimalismo digital: En defensa de la atención en un mundo ruidoso*.

6. Ver SWNS, "Americans Check Their Phones 80 Times a Day: Study" (Los norteamericanos revisan su celular 80 veces al día: Estudio), *New York Post*, 8 de noviembre

celulares no están cerca de nuestra persona, sentimos ansiedad por separación. Un celular se ha vuelto casi una extremidad adicional del cuerpo humano, lo cual nos transforma en adictos a la distracción. (Anda, ve si puedes pasar una hora sin pensar en tu celular).

¿Has visto el video viral de la niña que se cayó a una fuente en un centro comercial por estar enviando mensajes al caminar? Yo también. Y admito que me dio risa. Pero la distracción digital tiene un lado oscuro también. Piensa en toda la gente que muere por causa de accidentes viales provocados por enviar mensajes de texto al conducir. O piensa en los niños que son heridos porque sus padres les estaban prestando más atención a sus celulares que a la seguridad de sus hijos (lo cual, desafortunadamente, es un fenómeno documentado).[7]

No me malentiendas; no estoy diciendo que distraerse durante el tiempo de oración equivale al homicidio o al abuso infantil. Mi punto es que los efectos negativos *físicos* de la distracción tecnológica son mucho más fáciles de percibir que sus efectos negativos *espirituales*. Por esta razón, necesitamos maximizar los beneficios que obtenemos de la tecnología y mitigar los aspectos de ella que estorban nuestra relación con Dios. (Hablaremos sobre esto más adelante).

6. Podemos perder la habilidad para enfocarnos

Puede que luchemos con enfocarnos al orar simplemente porque nuestros cuerpos y nuestras mentes no son capaces de enfocarse como antes. Las escrituras nos enseñan que nuestros cuerpos mortales van decayendo (ver 2 Corintios 4:16), lo cual puede resultar de alguna enfermedad o sencillamente de envejecer. Aunque superar la debilidad física siempre será un reto para

---

del 2017, www.nypost.com/20117/11/08/americans-check-their-phones-80-times-a-day-study/.

7. Ver Erika Christakis, "The Dangers of Distracted Parenting" [Los peligros de los padres distraídos], *The Atlantic*, Julio/Agosto 2018, www.theatlantic.com/magazine/archive/2018/07/the-dangers-of-distracted-parenting/561752/.

nosotros, podemos descansar en las palabras de Salmo 73:26: "Mi carne y mi corazón pueden desfallecer, pero Dios es la fortaleza de mi corazón y mi porción para siempre".

MEJORAR NUESTRO ENFOQUE

Ahora que hemos descrito las razones principales que dificultan que nos enfoquemos en o durante la oración, llenaré tu caja de herramientas con maneras prácticas para crecer en tu habilidad para enfocarte en la oración.

1. Desvía tu atención de las distracciones a Dios

Lo mejor que podemos hacer para mejorar nuestro enfoque al orar es meditar en la persona de Dios. El puritano Thomas Brooks dio este consejo al escribir sobre luchar contra la distracción en la adoración: "¡Ah! Permitan que sus almas sean movidas en gran manera por la presencia, la pureza y la majestad de ese Dios ante quien están de pie. Un hombre temería jugar con una pluma al hablar en la presencia de un rey. [...] Nada contribuirá más a mantener alejados los pensamientos vanos que poner nuestra mirada en Dios como un Dios omnisciente, un Dios omnipresente, un Dios omnipotente, un Dios lleno de toda perfección gloriosa".[8] Cuando enfocamos nuestras mentes y nuestros corazones en la gloria y en la santidad de nuestro Dios, nuestros pensamientos aleatorios se derriten ante el calor de Su majestad. Enfoca tu mente en Dios al meditar en alguna verdad de las Escrituras, al recordar Sus obras gloriosas en la historia universal y al considerar que este Dios te invita a tener comunión con Él mediante la oración.

---

8. Thomas Brooks, *Precious Remedies against Satan's Devices* (1652; reimp., Carlisle, PA: Banner of Truth, 2011), 135. Publicado en español como *Remedios preciosos- Contra las artimañas de Satanás*. Ver también Kevin Halloran, "Cómo luchar contra la distracción en la adoración: La sabiduría de Thomas Brooks", *Anclado en Cristo* (blog), 12 de marzo de 2020, www.ancladoencristo.org/como-luchar-contra-la-distraccion-en-la-adoracion/.

Una parte de enfocar nuestras mentes en Dios implica aborrecer cualquier distracción que entre en nuestras mentes y comprometernos aún más a buscarlo a Él. Aunque los pensamientos vanos "pasan por los mejores corazones —escribe Brooks—, son alojados y estimados solo en los peores"[9].

2. Diagnostica las fuentes de tu distracción para prevenir distracciones futuras

Los pensamientos distractores pueden sentirse como moscas que giran en torno a tu cabeza. Es necesario espantarlas con un matamoscas, pero también lo es prevenir que lleguen en primer lugar. Recuerda el último par de semanas. ¿De qué manera ha estorbado la distracción tu tiempo de oración? ¿Qué te ha distraído? Hay distracciones que no siempre puedes evitar, pero hay muchas que sí. ¿Con qué llenas tu mente? ¿Alguna de estas cosas ha dificultado que te enfoques en Dios cuando estás orando?

Echemos un vistazo a mi propia batalla por el enfoque y contra las distracciones. Cuando lo primero que hago en la mañana es revisar mis notificaciones en el celular, es mucho más difícil enfocarme en buscar a Dios en la lectura de las Escrituras y en la oración. Mi enfoque también sufre cuando lleno mi mente con demasiado ruido digital al escuchar pódcast y audiolibros sin parar. Disciplinar de manera intencionada mi consumo de entretenimiento ha pagado dividendos para mi enfoque durante la oración.

Otras maneras en que puedes prevenir la distracción son incorporar tiempos de silencio en tu vida y apartar momentos para pensar. Limita tu consumo mediático. Apaga tu celular por unas pocas horas (o más). Evita hacer muchas cosas a la vez, lo cual reduce tanto tu concentración como tu coeficiente intelectual.[10]

9. Brooks, *Precious Remedies*, 137.

10. Ver Geoffrey James, "Sitting Near a Multitasker Decreases Your Intelligence by 17 Percent" ["Sentarte cerca de alguien que hace muchas cosas a la vez reduce tu inteligencia un 17%"], *Inc*, 24 de agosto del 2018, www.inc.com/geoffrey-james/multitasking-reduces-your-intelligence-by-17.html.

3. Sigue un camino durante la oración

El capítulo 2 describe diferentes caminos que puedes tomar al orar que evitarán que termines en la zanja de la distracción: orar oraciones de las Escrituras, orar en respuesta a tu lectura bíblica, orar oraciones escritas, estructurar tus oraciones en torno a las peticiones del padrenuestro o utilizar el patrón de cuatro pasos. Es más fácil seguir una guía probada que abrirte paso por la maleza de lo desconocido. Compartiré algunos métodos más en el siguiente capítulo.

4. Escribe tus oraciones

Un diario, un procesador de texto o un pedazo de papel es todo lo que necesitas para redactar tus oraciones a Dios. Esta práctica ayuda a los que aprenden de manera visual, como yo, porque mantiene nuestras oraciones siempre delante de nosotros. Una ventaja extra de anotar tus oraciones es que te permite volver a oraciones pasadas y ver cómo Dios las ha respondido y cómo has crecido.

5. Optimiza tu uso de la tecnología

He aquí un consejo de sentido común: en cuanto a la tecnología, haz lo que sea que te ayude a orar y lucha contra lo que sea que te estorbe. Mi celular es una gran fuente de distracciones, pero si lo pongo en modo avión cuando es momento de orar, me quita la tentación de abrir aplicaciones o de revisar mis mensajes. También he elegido no utilizar redes sociales en mi celular dada su constante tentación de distracciones triviales. Cuando llega el momento de las disciplinas espirituales de leer la Palabra y de orar, utilizo una Biblia física y una aplicación que corta el acceso a la mayoría de las demás aplicaciones. Encuentra lo que funcione para ti ¡y hazlo!

6. Aprovecha el poder de la rutina

El Dr. David Murray comparte cómo un mentor suyo tenía una silla especial que siempre utilizaba para su devocional matutino. Este mentor había intentado concentrarse en su escritorio de trabajo, pero su mente siempre se desviaba hacia el trabajo, lo que lo motivó a escoger una silla diferente para ayudarlo a enfocarse. Al establecer una rutina en su "silla devocional" especial, entrenó su mente a estar lista para la actividad espiritual tan pronto como se sentara. Rutinas como esta son ideales para establecer hábitos.[11] ¿Qué rutina podrías implementar?

7. Ora cuando tu mente está fresca

¿Cuándo tienes más energía mental? Si eres una persona mañanera, como yo, el momento en que te sientes más fresco es justo después de tu café matutino; y para el final del día, tu cerebro se siente como puré de papa. Quizás seas una persona nocturna y tu momento más lúcido sea después de que los demás se han ido a dormir. Cualquiera que sea tu situación, planea tus tiempos de oración para cuando te sea más fácil concentrarte. ¡Nuestro Padre es digno de recibir las primicias de nuestra energía mental!

8. Sal a caminar

Cuando me di cuenta de que me concentro más al orar cuando salgo a caminar (o cuando camino en mi casa), sentí una libertad renovada. Adán y Eva caminaban y hablaban con Dios en el huerto; ¿por qué no podemos hacerlo nosotros donde estamos también?

Mi costumbre es escribir versículos y peticiones de oración en una tarjeta y referirme a ella mientras camino. Caminar me aleja de muchas distracciones, y mi tarjeta me da la estructura que necesito para un tiempo de oración productivo.

9. Canta

Si cantar te ayuda a orar, entonces canta. Cantarle a Dios es orar con una melodía. ¡Y qué diferencia hace para calentar tu alma

---

11. David Murray, "My Personal Devotions Chair" [Mi silla personal para el devocional], *HeadHeartHand* (blog), 15 de enero del 2019, www.headhearthand.org/blog/2019/01/15/my-personal-devotions-chair/.

al acercarte al trono de la gracia! Juan Calvino recomendaba cantar si producía "un celo verdadero y un afán por orar". No obstante, su recomendación venía con una contraindicación: "Sin embargo, debemos ser muy cuidadosos de que nuestros oídos no estén más atentos a la melodía de lo que nuestra mente está al significado espiritual de las palabras"[12].

10. Programa una alarma

Las fechas de entrega me ayudan a concentrarme cuando trabajo... ¿por qué no cuando oro? Si sé que una alarma sonará en veinte minutos, estoy más listo para enfocarme en mi oración. A menudo, cuando suena la alarma, le agrego más tiempo porque he logrado entrar en calor y estoy disfrutando mi tiempo con Dios.

11. Bloquea distracciones externas con tapones para oídos o audífonos

Aun cuando no pongo música, ¡el estímulo físico de los tapones en mis oídos me recuerda que tengo algo importante que hacer!

12. Consume cafeína con sabiduría

Ríete todo lo que quieras, ¡pero un café potente me ayuda muchísimo a enfocarme al orar!

13. No te des por vencido antes de tiempo

¿Alguna vez has notado que una buena conversación con un amigo o familiar no es automática? Incluso si estás con tu mejor amigo, puede que tengas que buscar buenas preguntas que hacer o algún tema que tratar. Después de un tiempo, sin embargo, tu conversación entra en calor y pueden hablar sobre lo que sea. ¿Alguna vez has experimentado esto en tus conversaciones con Dios?

12. *Calvin: Institutes of the Christian Religion*, vol. 2, *Books III.XX to IV.XX*, ed. John T. McNeill, trad. Ford Lewis Battles (Filadelfia: The Westminster Press, 1960), 3.20.32. Publicado en español como *Institución de la religión cristiana*.

Los puritanos recomendaban "ora hasta que ores". D. A. Carson explica:

> A lo que se refieren es que el cristiano debe orar por suficiente tiempo y con la suficiente honestidad, en una sola sesión, para superar el sentimiento de formalismo y de irrealidad que ocurre no con poca frecuencia en la oración. Somos especialmente dados a tales sentimientos cuando oramos durante unos pocos minutos solamente, apresurándonos para terminar con un mero deber. Para entrar en el espíritu de oración, debemos perseverar durante un rato. Si "oramos hasta que oremos", finalmente llegaremos a deleitarnos en la presencia de Dios, a descansar en Su amor, a valorar Su voluntad. [...] En pocas palabras, descubriremos un poco del significado de Judas cuando exhorta a sus lectores a "[orar] en el Espíritu Santo" (Judas 20).[13]

Lleva tiempo encender los motores de la oración. Persevera, y la concentración llegará, incluso por medios sobrenaturales.

PERSEVERA

Quisiera poder decir que lo que he presentado en este capítulo ha curado mi falta de enfoque para siempre, pero eso sería mentira. Sí, enfocarme al orar todavía es una lucha para mí, pero he encontrado que las herramientas que presenta este capítulo son invaluables para ayudarme a resistir las tentaciones y para acercarme con atención a Dios.

La actitud que Dios quiere que tengamos al orar se refleja en una poderosa imagen del Salmo 131: "He calmado y acallado mi

---

13. D. A. Carson, *A Call to Spiritual Reformation: Priorities from Paul and His Prayers* (Grand Rapids: Baker Academic, 1992), 36. Publicado en español como *Un llamamiento a la renovación espiritual: Las prioridades de Pablo y sus oraciones*.

alma; como un niño destetado en el regazo de su madre, como un niño destetado está mi alma dentro de mí" (v. 2). Un niño destetado ya no se acerca a su madre solo en busca de leche; está allí para disfrutar de la presencia de su madre. Calmar nuestros corazones con el objetivo de pasar tiempo con Dios nunca ha sido más importante que ahora, cuando nuestro mundo se vuelve cada vez más ruidoso y distractor con cada día que pasa. Pero con un esfuerzo consciente y un amor creciente por Dios, nos enfocaremos cada vez más... y oraremos.

ORACIÓN

Amado Padre celestial, mi mente es débil, y yo a menudo amo lo trivial. Alza mis ojos de la vanidad para poder verte en Tu gloria. Ayúdame a fortalecer mi dominio propio en cada área de mi vida para poder servirte y amar a otros mejor. Muéstrame qué me ayudará más a enfocarme cuando te busco en oración. En el nombre de Jesús, amén.

PREGUNTAS PARA REFLEXIONAR

1. ¿A dónde corre tu mente cuando estás tratando de orar? ¿Qué prácticas podrías incorporar de este capítulo para disciplinar tu mente para pensar de manera más seria?
2. ¿Qué circunstancias facilitan que te enfoques al orar? ¿Cuáles lo dificultan?
3. ¿Qué pecados necesitas confesar en cuanto a las maneras en que te distraes?
4. ¿Cuál de las maneras prácticas para enfocarte que ha presentado este capítulo intentarás implementar? ¿Hay alguna otra práctica que te ayude a concentrarte al orar?

7

Soy tan desorganizado

"Con toda oración y súplica oren en todo tiempo en el Espíritu, y así, velen con toda perseverancia y súplica por todos los santos".
—El apóstol Pablo, Efesios 6:18

Imagina recibir una llamada del (o de la) presidente en la que te dice que quiere reunirse contigo durante una hora la semana siguiente para tomar una decisión que modificará una política nacional. ¿En qué se reflejaría que tomas tal junta en serio? De seguro maximizarías la oportunidad si oraras al respecto, si consultaras a amigos sabios, leyeras tanto como pudieras y planearas los detalles para su tiempo juntos. ¿Y si te dijera que alguien que tuvo esa oportunidad sólo improvisó y dijo lo primero que le pasó por la cabeza? Sería una gran oportunidad perdida, ¿verdad?

Muchos de nosotros abordamos la oración de esa manera. Tenemos una invitación momento a momento de parte del Creador todopoderoso del universo para presentar nuestras peticiones, por nosotros mismos y por otros, ante Él. Y, a menudo, damos por sentada esa invitación. Nuestra actitud indiferente revela que tenemos una perspectiva anémica de la oración y del Dios a quien oramos.

El objetivo de este capítulo es considerar cómo aprovechar intencionadamente el regalo de la oración. Dios nos invita a orar porque Él *quiere* responder a nuestras oraciones y obrar a través de ellas. ¿Por qué no aprovechar esta invitación? Admito que me vi tentado a no incluir este capítulo en el libro porque pensé que sería demasiado directo y tedioso. Pero he cambiado de parecer. Ahora creo que *este capítulo será el que más fruto eterno producirá.* ¿Por qué?

Piensa en la ley de intereses compuestos. Esta ley afirma que, mientras más dinero invirtamos al comienzo, más crecerá con el tiempo. El interés que ganemos en los primeros años de la inversión se sumará a nuestra inversión inicial y hará que el interés de los años siguientes sea mucho mayor. Es el efecto bola de nieve. Y creo que esto aplica a nuestras oraciones también. A medida que organizamos nuestras oraciones y peticiones y las llevamos con fidelidad a Dios a largo plazo, Él las responde, y el fruto que surge de esas respuestas se puede multiplicar. Puede que Dios responda a nuestra oración por la salvación de un amigo y, en los siguientes años, puede que ese amigo lleve a otros a Cristo. Puede que Dios responda a nuestra oración para que un pastor sea fortalecido en lo espiritual, y puede que, en consecuencia, su ministerio dé mucho fruto. Al orar con fidelidad a largo plazo por todo lo que Dios quiere que oremos, daremos mucho fruto.

La meta de organizar nuestras oraciones es tomar los mandamientos que Dios nos da en las Escrituras con tanta seriedad como podamos al obedecerlos con tanta intención como podamos. Al hacerlo, invertimos más de nuestras vidas en el reino de Dios.

¿POR QUIÉN DEBEMOS ORAR?

Este capítulo acompaña al capítulo 2. Mientras que el capítulo 2 ofreció una guía general sobre el contenido de nuestras oraciones, este capítulo nos ayudará a pensar en peticiones e intercesiones específicas que Dios quiere que le hagamos. También nos presentará algunos métodos sencillos para organizar diversas prioridades y peticiones de oración, ya que, si eres como yo, no puedes recordarlas todas sin anotarlas. Los métodos también evitarán que nos quedemos atorados, al orar, en las mismas peticiones que a menudo se enfocan demasiado en nuestro pequeño mundo. Dios quiere impactar todo lo que está enumerado a continuación mediante tus oraciones. Orar por estas cosas no es opcional; son prioridades que fluyen de los mandamientos de las Escrituras y, por tanto, del corazón de Dios. La sección subsecuente sobre métodos *sí* es opcional, pero es digna de considerar.

A medida que pensamos en organizar nuestras oraciones, permíteme recordarte la suma importancia de orar con prioridades bíblicas. Oramos de manera efectiva cuando oramos como Dios quiere que oremos. Podemos orar en respuesta directa a las Escrituras o podemos permitir que la verdad de las Escrituras informe por lo que oramos (ver capítulo 2). Orar con prioridades bíblicas significa que no descuidamos las necesidades espirituales y eternas al enfocarnos solo en necesidades temporales; así que, sí, debemos orar por salud y sanación física, pero debemos priorizar la salvación y el crecimiento espiritual. Organizamos nuestras oraciones, en gran parte, para poder tratar los temas y las necesidades que más le importan a Dios.

Nosotros mismos

¿Cómo debemos orar por nosotros mismos? Conocemos nuestras vidas, nuestras necesidades, nuestras luchas, nuestras deficiencias y nuestros puntos ciegos mejor que nadie… excepto Dios. Oremos por el crecimiento espiritual, la fortaleza espiritual y la sabiduría de Dios para ayudarnos a amar a otros bien, así como por el poder de Dios para ser testigos fieles de Jesús en nuestro mundo perdido.

Amigos y familia

Tiene sentido que oremos por aquellos que más amamos. Ora por su salvación, crecimiento espiritual, guía, provisión y protección.

Oficiales gubernamentales

¿Por cuáles oficiales locales, regionales, nacionales e internacionales puedes orar? ¡No tiene que agradarte un político para orar por él! Ora para que sean salvos y para que su labor resulte en libertad para el avance del evangelio y en vidas pacíficas, sosegadas y dignas para nosotros (ver 1 Timoteo 2:1-6). Yo espero de verdad ver a muchos de los líderes terrenales actuales en el cielo, adorando al Rey de reyes con corazones gozosos y arrepentidos (ver Salmo 2:10-12). Después de todo, ¿por qué nos mandaría Dios orar por la salvación de los reyes y de los que están en eminencia si no planeara salvar a algunos?

Tus enemigos

El mandamiento contracultural de Jesús, "Amen a sus enemigos y oren por los que los persiguen" (Mateo 5:44), nos recuerda la bondad y el poder transformador de Su evangelio. Él sigue transformando las vidas de Sus enemigos hoy, tal como lo hizo con el apóstol Pablo hace tantos años. Si no puedes pensar en enemigos personales, primero agradécele a Dios y, luego, considera las muchas personas en el mundo que se oponen ideológicamente al evangelio de Jesús, y ora por ellas.

Todas las personas

Dios nos llama a orar por todo tipo de personas (ver Efesios 6:18). ¿Qué personas específicas conoces que quizás no tengan creyentes en su vida que estén orando por ellas? ¿A quién trae a tu mente el Señor en momentos aleatorios? ¿Qué grupos de personas se ven afectados por grandes acontecimientos en las noticias, por grandes injusticias o por asuntos culturales que tienen un gran peso en tu corazón? Ora por estas personas.

La iglesia local

Edifica a tu congregación local. Ora por la vitalidad espiritual de tus pastores y mayores y de sus familias. Ora por tu grupo pequeño, por los enfermos, por los misioneros asociados con tu iglesia alrededor del mundo y por el testimonio de tu iglesia en su comunidad. Ora que Dios obre en y a través de otras iglesias en tu comunidad. Considera pedirle a tu pastor una lista de peticiones de oración y otra de los nombres de los miembros de tu iglesia para que puedas orar por ellos.

La iglesia global

Ora por el avance del evangelio alrededor del mundo.[1] Ora por los cristianos perseguidos.[2] Ora que el Señor envíe más obreros a Su cosecha (ver Mateo 9:37-38). Ora por las organizaciones e instituciones cristianas, muchas de las cuales incluso te enviarán sus guías de oración para que las puedas seguir. Ora por que la gloria de Dios llene la tierra como las aguas cubren el mar (ver Habacuc 2:14).

ALGUNOS MÉTODOS RECOMENDADOS PARA ORGANIZAR TUS ORACIONES

Implementar uno o más de los siguientes métodos de organización *sí* es opcional, pero aun así vale la pena considerarlos bien. Los métodos son sencillos (¡lo cual espero te sea un alivio!), pero puede que sean exactamente lo que necesitas para librarte de las luchas organizativas al orar. Megan Hill sabe mucho de la

1. Dos recursos invaluables para orar por la iglesia global son Jason Mandryk, *Operation World: The Definitive Prayer Guide to Every Nation* [Operación mundo: La guía definitiva de oración para toda nación], 7.ª ed. (reimp., Downers Grove, IL: IVP Books, 2010) y Molly Wall, ed., *Pray for the World: A New Prayer Resource from Operation World* [Ora por el mundo: Un nuevo recurso de oración de operación mundo] (Downers Grove, IL: IVP Books, 2015).

2. La Voz de los Mártires (www.persecution.com/es/) y Puertas Abiertas (www.puertasabiertas.org/es-ES/) son dos organizaciones que pueden ayudarte a hacer esto.

oración como esposa de un pastor, madre de cuatro, editora para un sitio web evangélico importante y autora de un libro sobre la oración.[3] Es lo que hace que su confesión sea tan intrigante: "Lo que más me ha ayudado en mi vida personal de oración es *ser organizada*"[4].

Antes de profundizar en los métodos recomendados de organización, consideremos rápidamente tres peligros potenciales de utilizarlos:

- *Legalismo.* Un método fácilmente puede convertirse en una rutina que seguimos para ganarnos la aprobación de Dios. Estos métodos son *herramientas* útiles, no *reglas* estrictas. Si te ayudan, ¡bien! Si no, hazlas a un lado. Dios te acepta gracias a Jesús, no gracias a que seas imparable en seguir un método.
- *Oraciones mecánicas.* Si se hace de manera incorrecta, un método para orar se convierte en simples aros que debemos atravesar, lo cual cambia la meta de la oración de conocer y honrar a Dios a simplemente completar una rutina. No olvides que Dios quiere tu corazón.
- *Oraciones superficiales.* Si intentamos orar por demasiadas peticiones a la vez, nuestras oraciones no hacen más que deslizarse por la superficie como una piedra que rebota en un lago. (Es por eso que recomiendo hacer un ciclo semanal o mensual con una gran variedad de peticiones).

---

3. Ver Megan Hill, *Praying Together: The Priority and Privilege of Prayer: In Our Homes, Communities, and Churches* [Orar juntos: La prioridad y el privilegio de la oración: en nuestros hogares, comunidades e iglesias] (Wheaton, IL: Crossway, 2016).

4. Megan Hill, "Megan Hill on Most Helpful Practices for Personal Prayer" ["Megan Hill presenta las práctias más útiles para la oración personal"], *The Gospel Coalition*, 13 de mayo de 2017, vídeo, 2:56, www.thegospelcoalition.org/article/megan-hill-on-most-helpful-practices-for-personal-prayer/, énfasis añadido.

Método 1: Ten una lista de oración

Esta idea es sencilla: obtén algo en que escribir (un diario, una hoja de papel o un documento digital), escribe tanto una lista de oraciones como pasajes que orar, y ora siguiendo esa lista de manera regular. Escribir listas te mantiene enfocado y te permite ver cómo Dios ha obrado en tu vida a lo largo del tiempo. El teólogo D. A. Carson tiene una carpeta de oración con varias hojas en el interior.[5] Después de fechar cada entrada, enumera peticiones de oración a largo plazo junto con pasajes relevantes en una columna en el lado izquierdo de la hoja y deja espacio del lado derecho para anotar la respuesta a esas oraciones. Él utiliza otra hoja para preocupaciones a corto y mediano plazo (relacionadas con su familia o ministerio) y de manera regular añade o elimina contenido, según sea necesario, para mantener actualizada la hoja. Su carpeta también contiene una variedad de cartas y de notas de otros por los que desea orar. El Dr. Donald Whitney prefiere utilizar hojas sueltas porque puede llevarlas consigo fácilmente (a menudo adentro de su Biblia) y organizarlas para formar un compendio más grande de entradas de diario.[6]

Método 2: Utiliza tarjetas o fichas

Paul E. Miller popularizó el uso de tarjetas o fichas para la oración en su libro *A Praying Life* (*Una vida de oración*).[7] Miller anota una persona ("Mi esposa") o categoría ("Mi trabajo" o "Personas

5. Lee más sobre este método en D. A. Carson, *A Call to Spiritual Reformation: Priorities from Paul and His Prayers* (Grand Rapids: Baker Academic, 1992), 27-29. Publicado en español como *Un llamamiento a la renovación espiritual: Las prioridades de Pablo y sus oraciones*.

6. Ver Donald S. Whitney, *Spiritual Disciplines for the Christian Life*, ed. rev. y act. (Colorado Springs: NavPress, 2014), cap. 13. Publicado en español como *Disciplinas espirituales para la vida cristiana*.

7. Ver Paul E. Miller, "Keeping Track of the Story: Using Prayer Cards" [Registrar la historia: Cómo usar tarjetas de oración], cap. 27 en *A Praying Life: Connecting with God in a Distracting World*, ed. rev. (Colorado Springs: NavPress, 2017). Publicado en español como *Una vida de oración: Conectándose con Dios en un mundo lleno de distracciones*.

en sufrimiento") en una tarjeta, agrega uno o dos versículos que le gustaría orar sobre cada persona o categoría y señala algunas peticiones sobre dicha persona o categoría. Miller prefiere este sistema de tarjetas porque es capaz de concentrarse en una tarjeta a la vez en vez de tratar de seguir una lista enorme.[8] Él ora por varias tarjetas en un día: algunas de ellas todos los días y otras con diferente frecuencia. Él nos da un bosquejo de cómo puede ser un juego de estas fichas:

- 4-10 tarjetas para miembros individuales de la familia
- 1-3 tarjetas para personas que sufren
- 1 tarjeta para amigos
- 1 tarjeta para no creyentes
- 1 tarjeta para el liderazgo de la iglesia
- 1 tarjeta para su grupo pequeño
- 1 tarjeta para misioneros o ministerios
- 1-3 tarjetas para asuntos mundiales o culturales
- 3 tarjetas para asuntos laborales
- 1 tarjeta para colegas
- 3-5 tarjetas para cosas de las que necesita arrepentirse
- 3-5 tarjetas para esperanzas o grandes sueños[9]

Yo utilizo un método digital de tarjetas de oración con la ayuda de una aplicación en mi celular. La aplicación que utilizo, PrayerMate, organiza varias listas de peticiones en categorías generales, permitiéndome incorporar diversas peticiones de oración, sobre una variedad de temas, a mis oraciones. Comienzo con una oración de las Escrituras (de una colección de varias docenas) para encender mi corazón con la verdad. Mi siguiente categoría contiene cuatro tarjetas de oración, cada una de las

---

8. Ver Miller, 230.
9. Ver Miller, 236.

cuales apunta hacia un elemento específico de mi caminar con Dios: n°. 1: deleite en Dios y en Su Palabra; n°. 2: mi identidad en Cristo; n°. 3: el temor de Dios; y n°. 4: el aborrecer al pecado. Luego, avanzo por diferentes categorías más; cada una con tarjetas de oración llenas de diversos pasajes y peticiones. Puedo personalizar cada tarjeta digital según la frecuencia con la que quiero orar por ella (diario, semanal, mensual, etcétera). Si no personalizo esta frecuencia, las tarjetas rotan, asegurando que al final llegaré a cada tarjeta en mi lista. Incluso tengo una categoría "Aleatorio" para las peticiones que no tienen un lugar lógico. Me encanta este método y no creo jamás cambiar a otro. Es demasiado conveniente tenerlo siempre conmigo (en especial mientras viajo) y demasiado útil para organizar un sinfín de peticiones. (La obvia desventaja es que ¡está en el aparato más distractor del universo!).

Método 3: Ora en círculos concéntricos

El pastor John Piper recomienda un método que comienza con imaginarte a ti mismo parado en el centro de varios círculos concéntricos.[10] Cada círculo representa una categoría de personas. Después de orar por ti mismo (el primer círculo), avanzas a los círculos subsiguientes y oras por tu familia, luego por tu iglesia, luego por tu trabajo, luego por tu comunidad, etcétera, hasta que alcanzas el círculo global.

Método 4: Designa categorías para cada día de la semana

Mi amigo Brandon y su esposa Kaiti tienen un enfoque diferente para cada día de la semana cuando oran juntos. Es una estrategia que podrías utilizar para tu oración personal.

10. Ver John Piper, "Devote Yourselves to Prayer" [Dedíquense a la oración], Desiring God, 9 de enero de 2000, www.desiringgod.org/messages/devote-yourselves-to-prayer.

Domingo	Oran por la semana que comienza
Lunes	Oran por su familia inmediata y extendida
Martes	Oran por su nación y el mundo (iglesias, líderes gubernamentales, acontecimientos actuales, etcétera)
Miércoles	Oran por sus amigos, vecinos e iglesia local
Jueves	Oran por su matrimonio[11]
Viernes	Ofrecen alabanza y acciones de gracias específicas
Sábado	Oran por la reunión del pueblo de Dios el domingo y, en específico, que estén unidos en el evangelio, para la expansión de la iglesia local y para que Dios sea glorificado

Método 5: Crea tu propio método

La clave para cualquier método es que *te funcione a ti*. Podrías armar tu propio método usando elementos de los cuatro que vimos, o podrías adoptar uno de esos métodos y utilizarlo por el resto de tu vida.

Mi amigo D'Andre tiene su propio método. Él usa una hoja de cálculo de cinco columnas que contiene una para cada categoría a la que pertenece la persona por la cual está orando: preparatoria, universidad, trabajo, etcétera. Normalmente, ora por una columna al día y las va rotando. También tiene un documento general de peticiones de oración que actualiza de manera regular al añadir y eliminar peticiones de corto plazo después de orar por ellas.

Puede que algunas personas tengan una memoria tan fina que utilizar un sistema les estorbaría... aunque sospecho que estas personas son pocas y singulares. No te preocupes por utilizar un método todos los días ni por crear la "lista de oración perfecta". Estos métodos son simples herramientas que puedes utilizar para buscar la fidelidad por amor a Dios y a tu prójimo.

---

11. Ellos también usan este día como un momento para reconectar y ver cómo está el otro.

LO QUE YO HAGO

Cada mañana, después de veinte o veinticinco minutos de leer mi Biblia (lo cual a menudo incluye períodos de meditación y de oración), hago la transición de lleno a la oración. A veces, tomo mi celular y paso de diez a quince minutos recorriendo las tarjetas de oración en mi aplicación PrayerMate. Otras veces, recorro las peticiones del padrenuestro y agrego alabanzas y peticiones específicas conforme avanzo.[12] También incluyo en mi Biblia guías de oración de mi iglesia y de organizaciones que apoyo. Mi esposa y yo seguimos juntos un patrón similar al método 4 y, en las comidas, a menudo tomamos una tarjeta de nuestra "caja de oración" y oramos por su contenido. Yo implemento todos estos métodos por una razón sumamente sencilla: ¡me ayudan a orar!

UNA POSIBLE OBJECIÓN

Algunos protestarán: "¡Pero esto es demasiado trabajo!".

Sí; implementar cualquiera de estos métodos cuesta trabajo. Pero lo mismo es cierto de salir a comprar la despensa, criar niños y planear unas vacaciones. He aquí la pregunta que importa: *¿Vale la pena?* Creo que sabemos cuál es la respuesta correcta.

Implementar un método no tiene que ser mucho trabajo. Si pasaras cinco minutos ahora mismo organizando tus oraciones futuras con uno de estos métodos (o una combinación de ellos) y, luego, incorporaras más peticiones al método con el paso del tiempo, estoy seguro de que orarías por más cosas en el futuro que si simplemente dependieras de tu memoria. Un sistema sencillo es muy útil para lograr orar de manera más fiel.

---

12. Ver el capítulo 2 para un ejemplo de cómo oro por mi matrimonio siguiendo el padrenuestro.

IMAGINA EL FUTURO

¿Y si Dios contestara todas tus oraciones por la salvación de personas? ¿Y si cada oración que hicieras por el crecimiento espiritual y la protección de otros fuera respondida de maneras que van mucho más allá de tus sueños más locos? ¿Te movería eso a orar de manera diferente? La realidad es que Dios promete utilizar nuestras oraciones. No sabemos exactamente cómo; no sabemos exactamente cuándo. A menudo, las respuestas a nuestras oraciones pasan desapercibidas, o simplemente nos olvidamos de lo que hemos orado. A menudo, Dios cumple Sus propósitos según Sus tiempos, lo cual significa que podríamos morir antes de conocer Su respuesta completa. Nunca conoceremos los frutos de algunas de nuestras oraciones. Tus oraciones hoy por la salvación de algún niño podrían ser contestadas mañana o dentro de cien años.

Orar por todo tipo de personas es como plantar semillas. No sabemos cuándo las semillas germinarán y harán que crezca una planta. No sabemos cuándo esas plantas producirán y esparcirán sus propias semillas. No sabemos qué será de cada semilla. Pero así como una sola semilla puede producir un bosque entero a su debido tiempo, una sola oración podría transformar una vida, una nación o todo el rumbo de la historia humana.[13] La pregunta es: ¿Qué harás tú al respecto?

ORACIÓN

Padre, es asombroso ver la amplitud de los temas por los que quieres que oremos; y es más asombroso darnos cuenta de que quieres realizar cambios en estas cosas a través de nosotros. Por

---

13. Para encontrar historias notables de cómo Dios ha obrado por medio de la oración en el pasado, recomiendo el libro de Collin Hansen y John Woodbridge, *A God-Sized Vision: Revival Stories That Stretch and Stir* [Una visón tamaño Dios: Historias de renacimiento que nos desafían y conmueven] (Grand Rapids: Zondervan, 2010).

favor, ayúdame a elaborar el sistema adecuado que me permitirá tomar el regalo de la oración y de la intercesión con tanta seriedad como me sea posible. Y, por favor, agranda mi deseo por invertir en la eternidad con las oraciones que ofrezco hoy. En el nombre de Jesús, amén.

PREGUNTAS PARA REFLEXIONAR

1. ¿Alguna vez has utilizado un sistema o método para organizar tus peticiones de oración? De ser así, ¿cómo te ha ayudado?
2. Después de leer este capítulo, ¿fuiste motivado a dedicarle más energía a orar por ciertas personas o cosas que Dios manda? De ser así, ¿por cuáles?
3. ¿Cuál de los cinco métodos de organización de este capítulo crees que te funcionará mejor?
4. ¿Qué cambio crees que podría ocurrir en el mundo si tomaras más en serio la oración por otros? Describe cómo podría ser el futuro si tomaras a pecho este capítulo.

8

Estoy demasiado estresado

"¡Oh qué amigo nos es Cristo! Él llevó nuestro dolor,
Él nos manda que llevemos todo a Dios en oración.
¿Está el hombre desprovisto de paz, gozo y santo amor?
Esto es porque nos llevamos todo a Dios en oración".
—Joseph Scriven, trad. Leandro Garza Mora,
 "¡Oh, qué amigo nos es Cristo!"

Año tras año, los resultados de búsquedas de los sitios web más grandes de la Biblia muestran que Filipenses 4:6-7 es uno de los pasajes más populares en las Escrituras... y con buena razón: nos muestra el camino probado de Dios que nos llevará de la ansiedad a la paz.[1] El pasaje dice así:

> Por nada estén afanosos; antes bien, en todo, mediante oración
> y súplica con acción de gracias, sean dadas a conocer sus

---

1. Una porción de este capítulo está basada en un artículo que escribí. Ver Kevin Halloran, "When Prayer Makes Anxiety Worse" ["Cuando la oración empeora la ansiedad"], Unlocking the Bible, 14 de agosto de 2019, www.unlockingthebible.org/2019/08/when-prayer-makes-anxiety-worse/.

peticiones delante de Dios. Y la paz de Dios, que sobrepasa todo entendimiento, guardará sus corazones y sus mentes en Cristo Jesús.

Desafortunadamente, nuestros corazones desesperados fácilmente pueden desbarrancarse cuando buscamos un remedio para nuestro estrés. Tratamos este precioso pasaje como un amuleto mágico y nos perdemos de su verdadero significado y del camino que traza hacia la paz. Una reciente situación mía lo ilustra.

Al pensar en un momento estresante en mi trabajo, mi ansiedad al respecto empeoró. Cuando intenté fijar mi atención en alguna otra cosa, sucedió lo mismo... y justo cuando pensaba que lo había superado, mi ansiedad regresaba. A medida que pensaba en cómo querría Dios que calmara mi corazón, me vino a la mente Filipenses 4:6-7. *¡La oración al rescate!*

Así que me arrodillé a orar. Mi oración comenzó bien... pero pronto me sentí como si estuviera atrapado en un auto cerrado y caliente, respirando el mismo aire desoxigenado una y otra vez. Con cada línea de mi oración, me agitaba más y mi oración se volvía *más ansiosa.* Terminé la oración con más ansiedad que cuando comencé. ¿Qué sucedió? ¿Qué de la promesa de la paz de Dios en Filipenses 4:6-7? Al reflexionar sobre este perturbador episodio, me di cuenta de que el problema no estaba en la promesa de Dios, sino en mí.

CÓMO LUCHAR CONTRA LA ANSIEDAD PECAMINOSA A TRAVÉS DE LA ORACIÓN

El estrés es un tema gigantesco, y no podremos explorar todo al respecto en este capítulo. En lo que sí nos enfocaremos es en *cómo podemos evitar la ansiedad pecaminosa y al mismo tiempo honrar a Dios y experimentar Su paz a través de la oración.* Este capítulo tendrá un enfoque diferente a los demás: nos ayudará a saber cómo pensar y orar durante momentos de ansiedad. Veremos en qué me equivoqué con Filipenses 4, así como la manera de no equivocarnos y de experimentar la paz de Dios que sobrepasa todo entendimiento.

Antes de comenzar, definamos de qué estamos hablando. *Ansiedad* se refiere a "una dolorosa o aprensiva intranquilidad mental que usualmente ocurre por un mal inminente o anticipado" o "una preocupación o interés temeroso"[2]. La ansiedad puede ser un regalo de Dios: una señal de alarma que nos dice que algo no está bien. Si mi hija pequeña se lanza hacia una calle transitada, la ansiedad me mueve a tomarla del brazo antes de que pueda lastimarse. La ansiedad por una fecha de entrega que se avecina puede motivar a un estudiante a apagar las redes sociales y a terminar una tarea. Sin embargo, se vuelve destructiva cuando respondemos a ella de maneras pecaminosas. Cuando esto sucede, puede que traslademos nuestro enfoque de honrar a Dios a complacernos a nosotros mismos. Puede que comencemos a depender de nosotros mismos cuando nos damos cuenta de que Dios no está actuando de la manera que queremos. Ya que Él no está retirando nuestra carga con un chasquido de Sus dedos, decidimos llevarla nosotros mismos.[3]

La ansiedad existe en un espectro que va de miedos normales y cotidianos hasta desórdenes extremos y ataques de pánico. Sus causas son desde estreses cotidianos hasta eventos traumáticos y desbalances biológicos.[4] Puede que hasta haya fuerzas espirituales detrás de tu ansiedad, ya que el Enemigo de nuestra alma se deleita en ver a los hijos de Dios estresarse. Este capítulo se enfocará en la ansiedad cotidiana que enfrentamos. Sin embargo, la verdad que expone de la Palabra de Dios también ayudará en experiencias

---

2. *Merriam-Webster's Collegiate Dictionary*, 11.ª ed. (2003), s.v. "anxiety" ("ansiedad").

3. Ver Gary R. Collins, *Christian Counseling: A Comprehensive Guide*, 3.ª ed. (Nashville: Nelson Reference & Electronic, 2007), 142. Publicado en español como *Consejería cristiana efectiva*.

4. Ver Collins, 143-48.

más intensas, ya que nadie, sin importar las circunstancias, puede saltarse su deber espiritual de pelear contra una respuesta pecaminosa a la ansiedad a través de la oración.[5]

No soy ni consejero bíblico ni experto en la ansiedad, pero sí he batallado contra ella yo mismo. Un lapso estresante durante el seminario me llevó a experimentar palpitaciones cardíacas y a buscar ayuda profesional. En otros momentos, el estrés me ha provocado migrañas de días. Temporadas estresantes me han dejado tanto drenado de energía física y emocional como apático hacia personas y responsabilidades importantes en mi vida. La verdad que comparto en este capítulo ha sido probada bajo fuego.

CÓMO (NO) ORAR CUANDO ESTÁS MUY ESTRESADO

La ansiedad nos amarra nudos en el estómago, y buscar soluciones rápidas a esto a menudo aprieta los nudos en lugar de traer alivio. Es por eso que te animo a detenerte, a analizar tus pensamientos y a indagar en lo profundo de tu corazón para desenmarañar los asuntos que están detrás de tu ansiedad. Podemos permitir que los retos de la vida nos empujen más hacia la desesperación, o podemos canalizarlos, como una vela capta las ráfagas de viento, para propulsarnos hacia una mayor humildad y dependencia gozosa en el Señor.

Después de darme cuenta de que la oración estaba empeorando mi ansiedad, realicé una autopsia de lo que había sucedido, lo cual reveló que mis oraciones estaban enmascarando un corazón pecaminoso y en problemas. Dios no promete que cualquier tipo de oración será una cura mágica para la ansiedad. El *contenido* de

---

5. Si estás preocupado por tus niveles de estrés, primero que nada, evalúa tus hábitos básicos de cuidado personal: es decir, si estás durmiendo lo suficiente, si estás comiendo sano y ejercitándote. Si descubres que tus niveles de estrés están fuera de tu control y de lo normal, busca ayuda en tu pastor o encuentra a algún consejero cristiano que pueda ayudarte.

nuestras oraciones importa. Las *motivaciones de nuestros corazones* importan. No obtenemos puntos solo por hacer el intento. Tal como aprendimos en el capítulo 2, necesitamos alinear nuestras oraciones con la verdad de las Escrituras. Si no lo hacemos, sentiremos lo que yo durante mi episodio de ansiedad: como si estuviéramos atrapados adentro de un coche asfixiante, respirando el aire desoxigenado de los pensamientos y emociones de ansiedad. Al orar como Dios quiere, bajamos los vidrios y dejamos que entre el aire fresco. Y experimentamos la paz. El resto de este capítulo se enfocará en seis cambios dados por Dios que puedes realizar en tu mente para luchar contra la ansiedad a través de la oración.

No le ores a un genio de la lámpara; órale a tu Padre en el cielo

Recordar a quién le estás orando es tan importante como las palabras que utilizas, porque tu perspectiva de Dios moldea tus oraciones y tu corazón... para bien o para mal. ¡Pensar en Dios como un genio de la lámpara que se llevará tus preocupaciones con un chasquido de Sus dedos puede ponerte *más* ansioso cuando te das cuenta de que Él no trabaja bajo tu cronograma!

En cambio, recuerda que Dios es tu Padre. Ningún buen padre terrenal quiere ver a sus hijos afligidos, y todo buen padre quiere ayudar a llevar las cargas de sus hijos. Los buenos padres también saben qué es lo mejor para sus hijos. Nuestro Padre celestial nos invita a descargar nuestras ansiedades en Él. Y Él es completamente capaz de llevarlas.

El pastor australiano Ray Galea ha compartido el caso de una consejera que conoce que requiere de todos sus nuevos clientes cristianos que pasen veinte minutos al día hablando con su Padre celestial sobre sus ansiedades antes de llegar a la primera sesión de consejería. La consejera ha reportado que el simple hecho de hablar con su Padre celestial sobre sus preocupaciones ha llevado a muchos a cancelar sus citas. ¿Por qué? Porque, al hacerlo, han encontrado lo que necesitan más que a un consejero terrenal: al

Admirable Consejero, quien cuida de Sus hijos y tiene todo el poder en el universo para obrar en sus vidas y en sus situaciones.[6]

No seas orgulloso y egocéntrico; sé humilde y céntrate en Dios

Nuestro mundo y aparatos tecnológicos nos dicen que nosotros somos el centro de nuestras vidas. Y, en nuestro orgullo pecaminoso, ¡a menudo les creemos! Pero, tu vida no se trata de ti. Todas las cosas fueron creadas *por* Jesús y *para* Jesús (ver Colosenses 1:16). El pecado del orgullo nos lleva a sobrevalorarnos y a subvalorar a nuestro Creador soberano. El estado mental resultante provoca ansiedad, en lugar de eliminarla, y a menudo atrae otros pecados desagradables como la murmuración, el cinismo, la codicia, el sentimiento de derecho y, en última instancia, la incredulidad.

Al pensar en mi episodio de ansiedad, ahora me doy cuenta de que me faltaba humildad. Mi boca estaba diciendo las palabras correctas, pero mi corazón estaba orando mal: "Dios, anda; me debes una. ¡Merezco algo mejor!".

Necesitamos humildad para ir de la niebla de la ansiedad que produce el orgullo hacia el camino de la paz. Es por eso que Pedro escribe en 1 Pedro 5:6-7: "Humíllense, pues, bajo la poderosa mano de Dios, para que Él los exalte a su debido tiempo, *echando toda su ansiedad sobre Él*". Cuando nos postramos ante Dios en humildad, cuando admitimos nuestra incapacidad y reconocemos Su capacidad, y cuando le ofrecemos nuestras cargas, Él las toma. ¿Por qué? Porque Él tiene cuidado de nosotros (ver v. 7). Cuando no echamos nuestra ansiedad sobre Él, nos aferramos a ella.

Para cultivar una humildad enfocada en Dios, pídele a Él la gracia para ver tus circunstancias desde Su perspectiva perfecta.

---

6. Ver Ray Galea, *From Here to Eternity: Assurance in the Face of Sin and Suffering* [De aquí a la eternidad: Seguridad en medio del pecado y el sufrimiento] (Youngstown: Matthias Media, 2017), cap. 6, Kindle. ¡Esto no significa que no necesitemos consejeros terrenales piadosos y dotados! Mi punto *no* es que no debemos buscar consejeros humanos, sino que debemos buscar primero a nuestro Consejero celestial.

Pídele la sabiduría para poder procesar los detalles externos de tu ansiedad. Pídele que te revele tu pecado y los pensamientos erróneos de tu corazón. A medida que te humilles ante tu amoroso Padre celestial de esta manera, el nudo enmarañado de tu ansiedad comenzará a deshacerse.

No seas indiferente ni te enojes; sé agradecido

Pablo no prescribe cualquier tipo de oración en Filipenses 4; él prescribe "súplica con acción de gracias" (v. 6). Un corazón que tiene falta de gratitud no experimentará la paz de Dios. La autocompasión egoísta que describí antes resultó ser lo *opuesto* a la gratitud. Un corazón agradecido no solo es un remedio para la ansiedad; es tanto parte de una dieta espiritual sana para cualquier circunstancia (ver 1 Tesalonicenses 5:16-18) como un elemento esencial de la guerra espiritual, ya que "el poder del enemigo sobre [nosotros] se desvanece cuando aprendemos a estar agradecidos con Dios"[7].

Dar gracias *en todo* incluye hacerlo incluso en medio de las situaciones más frustrantes. De hecho, el poder del agradecimiento a menudo adquiere su *mayor* potencia en momentos retadores. Considera lo que se dice fue la reacción del puritano Matthew Henry cuando le robaron su cartera: "Estoy agradecido de que nunca me haya robado antes. Estoy agradecido de que, aunque me quitó mi cartera, no me quitó la vida. Aunque me quitó todo lo que tenía, no era mucho. Estoy contento de haber sido yo el asaltado y no yo quien cometió el robo"[8]. ¿Ves lo que sucedió? La gratitud de Henry convirtió una terrible situación en una experiencia de adoración. ¡Ese es el poder de la gratitud!

7. H. B. Charles Jr., "Warfare Prayer" ["Oración de guerra"] (sermón, Shiloh Metropolitan Baptist Church, Jacksonville, FL, 11 de julio de 2016).

8. John Yates et al., "Matthew Henry: Thankful Anyway" ["Matthew Henry: Agradecido de todas formas"], *Preaching Today*, accesado el 16 de octubre de 2020, www.preachingtoday.com/illustrations/1996/march/1394.html. Puede que este relato sea apócrifo, pero la lección sigue siendo poderosa.

Mi práctica común para expulsar pensamientos de ansiedad mediante el agradecimiento es llevar un diario. Si no anoto mis pensamientos agradecidos, a menudo me olvido de ellos de inmediato. Cuando sí los anoto, tengo una montaña de evidencia creciente de lo bueno que Dios ha sido conmigo y de cómo mi situación no es tan mala como creo. Tras compilar mi lista de las cosas por las que puedo estar agradecido, la leo a detalle en oración y le doy gracias a Dios. Cuando mi mente se desvía y comienza a cavar otro agujero de negatividad egoísta, vuelvo a mi lista. Cada razón para estar agradecido en ella sirve como un peldaño de la escalera que me ayuda a salir del pozo.

A mi madre le aprendí a hacer un diario de agradecimiento. Ella fue una mujer sabia y piadosa que sirvió como enfermera durante décadas. Ella comenzó a llevar un diario de agradecimiento mientras batallaba contra el cáncer que finalmente le quitó la vida. La experiencia médica previa de mi madre se convirtió tanto en una bendición como en una maldición durante su batalla contra el cáncer; a veces, le ayudaba a actualizar a alguna nueva enfermera sobre los medicamentos que necesitaba y, otras veces, le daba una perspectiva realista sobre algún pronóstico que el médico deseaba ablandar. Su diario de agradecimiento le sirvió como una boya en medio de la tormenta y la salvó de hundirse en desesperación.

Ella se ha ido a estar con el Señor; y aunque no sé si su diario aún existe, he aquí algunas cosas por las que sé que daba gracias: *Estoy agradecida con Dios porque me salvó de mi pecado antes de los treinta. Estoy agradecida por un esposo amoroso, por hijos creyentes y por una iglesia que ama la Palabra de Dios. Estoy agradecida porque puedo ser testigo de Jesús a otras mujeres que reciben quimioterapias y que no tienen esperanza eterna. Estoy agradecida de que ni la muerte ni la vida, ni potestades ni ninguna otra cosa en toda la creación —incluyendo el cáncer— puede separarme del amor de Dios que es en Cristo Jesús.*

La belleza de estar en Cristo es que jamás enfrentamos una circunstancia sin esperanza o una carencia de cosas por las que estar agradecidos. Podemos (¡y debemos!) agradecerle por nuestra salvación, por habernos adoptado a Su familia, por proveer para todas nuestras necesidades. Incluso cuando una situación parece desoladora, *siempre* podemos estar del todo seguros de que Dios hará que todas las cosas cooperen para bien para aquellos que lo aman (ver Romanos 8:28).

Es solo a través del agradecimiento que llegamos al lugar que describe Filipenses 4:7, donde "la paz de Dios, que sobrepasa todo entendimiento, guardará [nuestros] corazones y [nuestras] mentes en Cristo Jesús". La ilustración que Pablo utiliza aquí es la de un contingente militar que protege de manera activa los corazones y las mentes de aquellos que oran. Esta paz es más grande de lo que puedes imaginar ("sobrepasa todo entendimiento") y está resguardada por Dios mismo, lo que significa que es más fuerte e impenetrable que la fortaleza militar más imponente de la historia. (¡Lo siento, Fort Knox!). Cuando tienes esta paz, sin importar lo que suceda, tu corazón y tu mente estarán seguros en Jesús. ¡Ahí tienes algo por lo cual estar agradecido!

No medites en tus ansiedades; medita en lo bueno

Quizás sea una situación fastidiosa con algún miembro de tu familia o con algún colega; quizás sea un diagnóstico preocupante o una conversación frustrante que repites una y otra vez en tu cabeza. (Y, si eres como yo, ¡esto lleva a que se te ocurran mejores argumentos después de los hechos!). Cuando nos acercamos a Dios en oración pensando solo en estas cosas, le echamos gasolina al fuego de nuestra ansiedad. Lo que estamos haciendo en esta situación es apoyarnos en nuestro propio entendimiento, lo cual se nos enseñó *no* hacer (ver Proverbios 3:5-6), y por varias razones. La primera es que es lo opuesto a confiar en el Señor; la segunda es que presupone que tenemos la habilidad para entender por completo nuestras situaciones, sin importar qué tan sencillas o complejas parezcan.

La única manera en que podemos apagar los fuegos de nuestra ansiedad es poner la mente en las buenas cosas que menciona Filipenses 4:8: "Todo lo que es *verdadero*, todo lo *digno*, todo lo *justo*, todo lo *puro*, todo lo *amable*, todo lo *honorable*, si hay alguna *virtud* o algo que *merece elogio*, en esto mediten"[9]. Y enfocar nuestras mentes en cosas así no es una acción de una sola vez (ya que los fuegos de la ansiedad pueden regresar con rapidez); es una meditación *continua*.

Necesitamos un enfoque tanto defensivo como ofensivo para meditar en lo bueno. Debemos bloquear (al nivel que podamos) las influencias en nuestras vidas que llenan nuestras mentes con temor y ansiedad. Para algunas personas, eso significará hacer un ayuno de las noticias políticas o de las redes sociales. Otras personas podrían darse cuenta de que ciertas relaciones están alimentando su ansiedad y que deberían pensar en maneras para minimizar la influencia dañina de aquellas relaciones. Meditar en cosas buenas durante mi propia situación de ansiedad me forzó a mirar más allá de mis frustraciones inmediatas hacia realidades subyacentes más grandes en mi vida. ¡Descubrí que nunca habría tenido todas esas frustraciones si no fuera por las bendiciones que Dios me había dado! Una manera alternativa para enfocarte en lo bueno es preguntarte: "¿Qué es lo peor que podría suceder en esta situación?". Típicamente, una respuesta a esta pregunta reducirá la ansiedad irracional y producirá gratitud.

Le pregunté a un consejero amigo mío qué pasajes de la Biblia recomienda para aquellos que luchan contra la ansiedad, y su respuesta me sorprendió al principio: "El Salmo 119". Pero pronto me di cuenta de la sabiduría de su recomendación: el Salmo 119 es una larga meditación del salmista sobre su deleite en la Palabra de Dios y el reflejo de su poder en su vida. Cuando leo el Salmo 119, las palabras del salmista conmueven mis afectos por Dios e incluso me

---

9. Una idea bíblica similar es poner "todo pensamiento en cautiverio a la obediencia de Cristo" (2 Corintios 10:5).

ayudan a ver los efectos positivos que puede tener mi ansiedad si la someto al Señor: "Bueno es para mí ser afligido, para que aprenda Tus estatutos" (v. 71).

Cuando estamos en Jesús, siempre existe un lado positivo para nuestra ansiedad y sufrimiento. Sin embargo, nunca recordaremos eso si no nos enfocamos en las cosas buenas. No debería sorprendernos el darnos cuenta de que la Palabra de Dios revela lo que es bueno en la vida mejor que cualquier otra cosa. Según el Salmo 19:7-11, Su Palabra es *perfecta, segura, recta, pura, limpia, verdadera, más deseable que el oro* y *más dulce que la miel.*

Cuando la ansiedad te deja con un sabor amargo en la boca, aférrate a la Palabra de Dios como un arma que puedes usar contra ella (ver Hebreos 4:12). Cuando los pensamientos de ansiedad inundan tu mente, construye una represa recitando las Escrituras. Canta música de adoración que proclame la verdad de la Biblia. Lee acerca de la manera en que los salmistas lucharon contra la ansiedad a través de la oración, y aprópiate de sus oraciones. Debes llenar tu mente con algo verdadero y positivo si has de escapar de las garras de la preocupación.

No ores solo; ora junto con otros creyentes, pasados y presentes

Existen un par de maneras en que podemos buscar la ayuda de otros en esta área: primero que nada, buscándolos cuando necesitamos oración y, segundo, encontrando ejemplos fieles de cómo podemos perseverar en la oración.

El Enemigo de nuestras almas quiere que pienses que estás completamente solo. Quiere que pienses que tus amigos y otros miembros de tu iglesia están demasiado ocupados para ti o que no tienen interés en ayudarte. (Si eso es cierto de tus amigos o miembros de tu iglesia, ¡ora por nuevos!). Pero las Escrituras nos mandan a llevar "los unos las cargas de los otros" (Gálatas 6:2). ¿A quién puedes pedirle que te ayude a aligerar tu carga al orar por ti?

También debemos considerar el ejemplo de los fieles para motivarnos a perseverar en nuestras oraciones. En Filipenses 4:9, Pablo comparte su propio ejemplo para ayudar a los filipenses a encontrar la paz de Dios: "Lo que también han aprendido y recibido y oído y visto *en mí*, esto practiquen, y el Dios de paz estará con ustedes".

Pablo es un ejemplo estelar de perseverancia fiel durante tiempos estresantes. Él escribió el libro de Filipenses mientras estaba en la cárcel y, aun así, pudo decir: "He aprendido a contentarme cualquiera que sea mi situación. Sé vivir en pobreza, y sé vivir en prosperidad" (Filipenses 4:11-12).

El ejemplo de fidelidad de Pablo es digno de considerar, así como lo son otros ejemplos de fidelidad en tu vida.[10] Cuando mi corazón me quiere arrastrar hacia la preocupación, recuerdo a personas como Farhad, quien tuvo que huir de su país natal, Irán, después de convertirse al cristianismo.[11] Recuerdo a Corrie ten Boom, quien soportó con fidelidad la vida en un campo de concentración nazi durante la Segunda Guerra Mundial.[12] Pienso en otros en mi iglesia que han perseverado con fidelidad en medio de la aflicción de perder a un ser querido, un trabajo o su salud. Fijo la mirada en mi Salvador, quien sudó gotas de sangre al agonizar sobre el sufrimiento que le esperaba en la cruz, donde moriría por nuestro pecado (ver Mateo 26:36-46). Inclusive, me considero a *mí mismo*, no como un ejemplo estelar pero porque tengo una montaña creciente de experiencias en ocasiones cuando Dios demostró ser fiel a lo largo de mis retos.[13]

10. Pedro hace este comentario después de advertirles a sus lectores que se cuiden de la influencia del Enemigo: "Resístanlo firmes en la fe, sabiendo que las mismas experiencias de sufrimiento se van cumpliendo en sus hermanos en todo el mundo" (1 Pedro 5:9). ¡No estás solo en esta batalla!

11. Su nombre ha sido cambiado para proteger su identidad.

12. Lee su Historia en Corrie ten Boom con John y Elizabeth Sherrill, *El refugio secreto*, trad. Felicitas Santiago (Madrid: Palabra, 2015).

13. Otros ejemplos en las Escrituras de personas que oraron en medio de la ansiedad incluyen a Ana (ver 1 Samuel 1:1-2:11), al rey Ezequías (ver 2 Reyes 20; Isaías 37-38), a David en los Salmos (ver el apéndice para una lista de salmos sugeridos) y al profeta Habacuc a lo largo del libro que lleva su nombre.

¿Quién puede ayudarte a luchar contra la ansiedad, ya sea al orar por ti o al brindarte un ejemplo que pueda animarte a perseverar en tu oración?

No creas que Dios te ha abandonado; date cuenta de que está contigo

Mis tíos experimentaron la presencia poderosa de Dios mientras visitaban a una pareja misionera en un país marginado en Latinoamérica. En el último día de su viaje, decidieron salir de paseo con estos amigos misioneros. Al conducir hacia su destino, descubrieron una vista hermosa y detuvieron su vehículo para sacar algunas fotografías. De pronto, tres secuestradores los empujaron de vuelta a su camioneta a punta de pistola. Los secuestradores los llevaron hasta una granja abandonada a kilómetros de distancia de la civilización. Un viaje de ministerio edificante rápidamente se convirtió en una película de terror de la vida real. *¿Qué nos harán los secuestradores? ¿Nos trajeron hasta aquí para matarnos? ¿Qué será de nuestros hijos?* Solo podían orar. Con pistolas apuntadas a su cabeza, los cuatro se quitaron toda la joyería y el dinero de sus carteras y se los entregaron a los secuestradores. Y entonces los secuestradores huyeron.

"Fue un tiempo de sentir la presencia de Dios como nunca antes —reflexionó mi tía después—. Todos compartimos entre nosotros, después de la experiencia, que todos estuvimos en oración constante y que Dios nos dio Su perfecta paz. También decimos que, en el momento en que quitábamos nuestros ojos del Señor y los poníamos en la circunstancia, ¡pasamos un tremendo miedo y ansiedad!".

Dios está con nosotros en la ansiedad que sentimos incluso en las situaciones más intensas, como ser secuestrado a punta de pistola. Es por eso que, en Filipenses 4, Pablo menciona, no en una ocasión, sino en dos, la promesa de la presencia de Dios. Él engloba la prescripción que da para la ansiedad en Filipenses 4:6-7 con las frases "El Señor está cerca" (v. 5) y "esto practiquen [lo que ha estado mencionando], y el Dios de paz estará con ustedes" (v. 9). Cuando oramos durante la ansiedad de la manera en que Dios quiere que lo hagamos, encontramos la paz de Dios, tal como mis tíos.

La presencia de Dios no solo nos da paz, sino que nos da también fuerza sobrenatural. Cuando sentimos que nuestra carga se ha duplicado, podemos confiar en que Dios puede triplicar nuestra fuerza.[14] Jeremiah Burroughs explica que, gracias a la presencia fortalecedora de Dios, "[nuestra] carga no será más pesada, sino más liviana que antes"[15]. ¡Qué increíble ayuda divina! Esto es exactamente lo que Pablo experimentó, y es por eso que pudo decir triunfante, aún en cadenas: "Todo lo puedo en Cristo que me fortalece" (Filipenses 4:13). También podemos hacerlo nosotros.

UNA ASOMBROSA OPORTUNIDAD

Aunque sigo batallando con la ansiedad de vez en cuando, recordar estas seis maneras de luchar contra la ansiedad a través de la oración me ha transformado. La ansiedad ya no domina ni mi vida ni mis oraciones; en cambio, me lleva a orar con humildad a mi Padre amoroso, a fijar mi mente en lo que es verdadero y bueno y a recordar que Él está conmigo. Me es más fácil aceptar Su promesa de paz y entregarle mi corazón a Aquel que trasciende todos mis problemas y que controla el universo. Y puedo descansar mejor en Su mano soberana, la cual desde un principio permitió mi ansiedad, con la certeza de que Él puede y de hecho usará mis pruebas para conformarme a la imagen de Cristo.

¡Qué maravillosa oportunidad tenemos de acercarnos a Dios y de encontrar Su paz en la oración!

---

14. Una paráfrasis de Jeremiah Burroughs, *The Rare Jewel of Christian Contentment* (Edimburgo: Banner of Truth Trust, 1964), 63. Publicado en español como *El contentamiento cristiano... Una joya rara*.

15. Burroughs, 63.

ORACIÓN

Amado Padre celestial, mi corazón se llena de ansiedad con facilidad. Y yo empeoro mi ansiedad al tratar de controlar mi vida en lugar de vivir para Ti y para Tu reino. Si Tú conocieras mis problemas y no te importaran, serías frío e indiferente. Si te importaran pero no tuvieras el poder para obrar en mí, no serías de mucha ayuda. Gracias por ser tanto un Dios todopoderoso como mi Padre celestial amoroso que me conoce, me cuida y obra en mí. Ayúdame a confiar más en Ti, a crecer en humildad y a abundar en agradecimiento. En el nombre de Jesús, amén.

PREGUNTAS PARA REFLEXIONAR

1. ¿Cuándo ha estorbado tu vida de oración la ansiedad? ¿Cómo fue? ¿Cómo superaste estos retos?
2. ¿Cuáles perspectivas incorrectas de Dios podemos tener que pueden incrementar nuestra ansiedad? ¿Cómo podría ayudarnos a luchar contra la ansiedad el recordar que Dios es nuestro Padre celestial?
3. ¿Cuál de los seis cambios mentales necesitas incorporar en tu vida con más urgencia? ¿Por qué?
4. Cristo es el ejemplo supremo de una persona que honró a Dios en su vida —y en su oración— incluso durante situaciones difíciles. (Ver Mateo 26:36-46). ¿A quién más puedes considerar como recordatorio de la fidelidad de Dios?

9

Estoy demasiado ocupado

"Aprender a orar no nos ofrece una vida menos ocupada; nos ofrece un corazón menos ocupado. En medio de las ocupaciones externas, podemos desarrollar una quietud interna".
—Paul. E Miller, A Praying Life (Una vida de oración)

La historia de María y de Marta nunca me pareció justa. Si no recuerdas esa historia, la resumiré. En Lucas 10:38-42, Jesús visita el hogar de María, Marta y Lázaro. María se sienta a los pies de Jesús, absorbiendo cada palabra de Su enseñanza, mientras Marta ansiosamente corre de arriba abajo, sirviendo a sus invitados. Al final, Marta ya no soporta más. Me la imagino dando zapatazos de frustración y apretando los puños a medida que se acerca a Jesús para quejarse: "Señor, ¿no te importa que mi hermana me deje servir sola? Dile, pues, que me ayude" (v. 40).

Las personas ocupadas como yo a menudo nos identificamos con Marta. Ella está enfocada en la acción y en la productividad; eso es bueno, ¿no? Ella está sirviendo a otros (tal como las Escrituras nos mandan hacer, permíteme recordarte) y su hermana no está ayudando. Un clásico caso de rivalidad entre hermanas. ¿Acaso no tiene Marta algo de razón?

Y, aun así, la respuesta de Jesús para ella es sorprendente: "Marta, Marta, tú estás preocupada y molesta por tantas cosas; pero una sola cosa es necesaria, y María ha escogido la parte buena, la cual no le será quitada" (vv. 41-42).

¿Por qué llega Jesús a esta conclusión? Primero, tenemos que notar que Él no etiqueta la actividad de Marta como algo malo. Lo que dice que es malo es estar "preocupada y molesta por tantas cosas", en especial en comparación con lo esencial: pasar tiempo en Su presencia. Marta estaba más preocupada por sus quehaceres que por disfrutar de su invitado, quien era nada menos que el Mesías esperado y Dios hecho hombre. Molestar a su hermana por escoger tiempo con Jesús en lugar de poner la mesa reveló lo desalineadas que estaban sus prioridades.

Sin embargo... ¡alguien tenía que servir a los invitados de todas formas! No podemos sentarnos el día entero a los pies de Jesús... ¿o sí? ¿Cómo podemos aplicar el principio de este pasaje —que nuestra prioridad principal siempre es pasar tiempo con Jesús— cuando nuestras vidas son un frenesí total? Esa es la pregunta que responderé en este capítulo.

No ofreceré soluciones unitalla para conquistar el exceso de ocupaciones. Mi esperanza es simplemente que desees conectarte con Dios más profundamente mediante la oración y que termines el capítulo con una mejor idea de cómo puedes invitarlo a las ocupaciones y cotidianidad de tu vida. Y, no te preocupes: mantendré este capítulo enfocado en el punto. Sé que estás ocupado.

Primero, veamos las razones (y los ídolos potenciales) que están detrás de nuestro exceso de ocupaciones.

¿POR QUÉ ESTAMOS TAN OCUPADOS?

Estamos ocupados porque...

... Queremos que nuestras vidas cuenten

La mayoría de los cristianos se dan cuenta de que las personas que se pasan la vida en el sofá en rara ocasión logran mucho para el reino. Después de todo, Jesús enseñó que "el que pierda su vida por causa de Mí y del evangelio, la salvará" (Marcos 8:35). Por lo tanto, entregar nuestras vidas por completo por el bien del evangelio es la mejor manera de vivir.

... Estar ocupados es necesario

Los padres de niños pequeños saben de qué estoy hablando. También lo saben las personas que trabajan en alguna profesión demandante o que tienen varios trabajos. Los estudiantes también conocen el reto de las ocupaciones: balancear una carga completa en la escuela con un interinato, la participación en la iglesia y la vida social es complicado. A veces, no escoges una vida atareada; te escoge a ti.

... Somos orgullosos

Muchas personas responden a la pregunta: "¿Cómo estás?" con "Ocupado": una insignia que llevan en la solapa como símbolo de estatus. Queremos agradarle a la gente, que piensen que somos importantes y que somos dignos del aire que respiramos, así que publicamos lo ocupados que estamos en las redes sociales.[1] Pensamos que el mundo se vendrá abajo si no podemos atender nuestras tareas urgentes y según nuestro propio cronograma... sin darnos cuenta de que pensar así nos hace perder de vista a Aquel que sostiene el mundo entero (ver Colosenses 1:17).

---

1. Un experimento descubrió que las personas que más a menudo publican en las redes sociales sobre lo ocupadas que están son consideradas por aquellos en los Estados Unidos de mayor estatus. Ver Joe Pinsker, "'Ugh, I'm So Busy': A Status Symbol for Our Time" ["'Qué horror, estoy tan ocupado': un símbolo de estatus en nuestra era"], *The Atlantic*, 1 de marzo de 2017, www.theatlantic.com/business/archive/2017/03/busyness-status-symbol/518178/.

... Tenemos miedo de perdernos cosas

Ya hablamos sobre el fenómeno del miedo a perdernos algo (FOMO) en el capítulo 6. El miedo de perdernos cosas no solo nos roba nuestra concentración, sino que también nos roba nuestro tiempo. Codiciamos las vacaciones, las páginas de redes sociales y las posesiones de otros, lo cual nos provoca incontables horas de planeación para obtener lo que queremos. Las personas de otras generaciones llamaban a este miedo a perdernos algo simplemente "descontento", y este descontento nos roba de manera sutil nuestra energía mental de las actividades mucho más importantes y renovadoras de la vida como la oración.

... No establecemos límites para nuestra tecnología

La tecnología moderna busca entrometerse en cada espacio y rincón de nuestra agenda (tal como vimos en el capítulo 6). Una falta de disciplina en cuanto a nuestros dispositivos significa que desperdiciaremos más de nuestro tiempo y, a menudo, nos hace pensar que tenemos menos tiempo para Dios de lo que realmente tenemos.

... Estamos evitando asuntos más profundos

En lugar de tratar con asuntos importantes en nuestras vidas, como algún pecado que nos asedia, un profundo dolor emocional o sentimientos de rechazo, llenamos nuestra agenda hasta el tope con actividades: más trabajo, más ocio, más idas al gimnasio, más mirar una pantalla.[2] El pastor Kevin DeYoung advierte que "el peligro más grande de estar demasiado ocupado es que puede haber peligros más grandes que quizás nunca tengas tiempo de

---

2. Si estás huyendo de asuntos profundos como estos, corre en cambio a Jesús con tus penas e inseguridades más profundas. Él conoce tu dolor, tus luchas y tus cargas y te ayudará y sanará si le das la oportunidad.

considerar"[3]. Nadie podrá decir: "Estaba demasiado ocupado para orar" cuando comparezca delante del tribunal de Dios.[4]

Y esta lista es solo el comienzo de la conversación.

Observa que incluso las buenas razones para estar ocupado (como querer que tu vida cuente) de todas formas pueden traer consecuencias negativas si hacen que estés *demasiado* ocupado.

Tal vez conozcas las consecuencias de estar demasiado ocupado: tu cerebro siempre se está moviendo a un millón de kilómetros por hora por intentar hacer malabares con una lista de quehaceres demasiado larga, demasiado urgente y aquí en algún lado... Tus actividades a veces carecen de gozo... pero nunca de estrés. Estás cansado, y estar tan ocupado incluso afecta tu salud y las vidas de los que están a tu alrededor.[5] Si este eres tú, entonces eres una Marta.

"Es difícil amar cuando estás apresurado", me confesó un creyente ocupado. Y ya que somos llamados a amar a Dios y a otros, estar demasiado ocupados puede representar un serio problema para nosotros y para los demás. La sabiduría nos ayudará a priorizar qué es esencial y qué es demasiado, ya que siempre hay más actividades a las que podemos comprometernos que actividades que podemos hacer. La humildad nos ayudará a reconocer cuando un ídolo se esconde detrás de estar tan ocupados, y también nos ayudará a arrepentirnos y a descansar en la gracia de Dios.

---

3. Kevin DeYoung, *Crazy Busy: A (Mercifully) Short Book about a (Really) Big Problem* (Wheaton, IL: Crossway, 2013), 31-32. Publicado en español como *Súper ocupados: Un libro pequeño sobre un problema grande*.

4. Ver Thomas Brooks, *Private Prayer: The Key to Open the Heaven* [La oración privada: La llave para abrir el cielo], ed. Vasile Lazar (1665; reimp., Dascălu-Ilfov, Rumania: Magna Gratia Ministries, 2017), 91.

5. Un estudio dice que los hijos de padres que "trabajan en horarios impredecibles o largos son más propensos a desarrollar problemas de comportamiento o cognitivos, e incluso a la obesidad". Judith Shulevitz, "Why You Never See Your Friends Anymore" ["Porque ya nunca ves a tus amigos"], *The Atlantic*, noviembre de 2019, www.theatlantic .com/magazine/archive/2019/11/why-dont-i-see-you-anymore/598336/.

Ahora que hemos examinado por qué nuestras vidas están tan ocupadas y cómo esto puede afectarnos, estamos listos para aprender maneras en que podemos priorizar la oración cuando nuestra agenda está saturada.

TÁCTICAS ESENCIALES PARA LLEVAR UNA VIDA OCUPADA, PERO DE ORACIÓN

A medida que avances por las seis tácticas que comparto a continuación, notarás qué tan ordinarias y evidentes parecen. Parecen así porque son así. Crecer en la oración no se trata de fórmulas secretas ni de ser un genio; se trata de ser intencionado al buscar a Dios porque quieres conocerlo y agradarlo más. Que estas tácticas profundicen tu deseo por Dios y te equipen para buscarlo.

Táctica 1: Planea tiempos tanto para la oración diaria como para sesiones extendidas de oración

Una mujer que entrevisté compartió esta revelación: "Simplemente me di cuenta de que hago una cita diaria con mi empleador para recibir mi sueldo, con mi cafetera para recibir cafeína y confort e, incluso, con Facebook para conectarme de manera virtual con otros (aunque solo en un nivel superficial), pero no hago lo mismo por mi Padre que me ama. [...] Cosas que hacen que digas: 'Mmmmm'".

¡Mmmmm es correcto! No obstante, puedo identificarme con ella. Y estoy seguro de que tú también puedes. Es por eso que necesitamos planear.

Incorporar la oración en tu agenda diaria hará que sea más natural y automática. La oración y la lectura bíblica diaria establecen los cimientos de nuestra relación con Dios y nos mantienen en nuestra permanencia en Él en lugar de operar en lo espiritual sin tanque de gasolina. Si has alcanzado este punto en el libro, ya conoces mis prácticas personales en esta área; así que compartiré dos recomendaciones de otras personas que he encontrado útiles: una de un reformador del siglo XVI y otra de un abogado empresarial moderno. Ambos encontraron maneras de incorporar la oración en sus vidas ocupadas.

Juan Calvino recomendaba orar en momentos especiales durante el día, durante los cuales "toda la devoción del corazón debe estar completamente implicada": en específico, "al levantarse en la mañana, antes de comenzar el trabajo diario, al sentarse a alguna comida, después de haber comido por la bendición de Dios y al alistarse para acostarse"[6]. Sin embargo, también advirtió en contra de implementar esta rutina de manera supersticiosa o legalista; debe hacerse como una disciplina espiritual con el fin de fortalecernos mediante su ejercicio y repetición.[7]

Justin Whitmel Earley es un abogado en Richmond, Virginia, quien recomienda arrodillarse a orar en la mañana, al mediodía y a la hora de dormir.[8] Él sugiere tomar una postura de rodillas porque sirve como un recordatorio físico de nuestra humildad delante de Dios y porque "necesito algo físico para marcar el momento para mi mente distraída"[9]. Cuando está en su oficina, cierra su puerta al mediodía y se arrodilla para reformular su día al enfocarse en su propósito de amar a Dios y a otros mediante su trabajo. "El hábito siempre interrumpe las cosas de la mejor de las formas. Al introducir un nuevo hábito, existe un gancho cada día, un lugar donde el enfoque en uno mismo se atora y se rasga. Y me recuerda que mi trabajo no es para mí mismo, sino para los demás, de tal manera que puedo virar el resto de mi día laboral hacia otra persona, ya sea un interesado, un cliente, un empleado o algún desconocido"[10].

6. Ver Calvino, *Institutes of the Christian Religion*, vol. 2, *Books III.XX to IV.XX*, ed. John T. McNeill, trad. Ford Lewis Battles (Filadelfia: The Westminster Press, 1960), 3.20.50. Publicado en español como *Institución de la religión cristiana*.

7. Calvino, 3.20.50.

8. Ver Justin Whitmel Earley, *The Common Rule: Habits of Purpose for an Age of Distraction* [La regla común: Hábitos de propósito para una era de distracción] (Downers Grove, IL: IVP Books, 2019), 41.

9. Earley, 14.

10. Earley, 41.

También debemos buscar pasar *tiempos extendidos* en oración cuando sea posible. Un tiempo extendido puede ser tan largo como un retiro de una semana o tan corto como una media hora. Uno de mis profesores de seminario les dio a los estudiantes en mi clase la elección entre escribir un ensayo final o pasar ocho horas seguidas en oración. Yo escogí la oración, y fue una gran decisión... ¡y no solo porque estaba harto de los ensayos! Mi tiempo de oración me renovó. Fui más allá de todas mis peticiones normales y diarias y oré con una Biblia abierta, respondí a la Palabra y medité en el amor de Dios. Reflexioné en la gracia que ha mostrado en mi vida y en las personas que Él ha puesto en mi camino. Y oré por ellas. Oré por mi santificación. Caminé por mi vecindario y continué mi conversación con Dios. Las ocho horas pasaron con rapidez, ¡y podría haber seguido! Dios había renovado mi espíritu después de un semestre agotador.

Saca un calendario y ve cuándo y cómo puedes incluir espacios de tiempo para tener comunión con Dios. Si tu agenda está demasiado saturada de compromisos, busca maneras de abrir márgenes en cosas que ya estés haciendo. Esto puede ser tan fácil como agendar diez minutos para recobrar el aliento y orar entre compromiso y compromiso. Hacer esto abre un espacio sano de amortiguación en tu constante frenesí de actividades y ayuda a tu mente a procesar todo lo que has hecho en el día y lo que esperas hacer.

Táctica 2: Planea la soledad

Jesús nos ordenó en Mateo 6:6: "Tú, cuando ores, entra en tu aposento, y cuando hayas cerrado la puerta, ora a tu Padre que está en secreto, y tu Padre, que ve en lo secreto, te recompensará". Y Él modeló lo que enseñó. Él tuvo un ministerio demandante que implicaba a personas que siempre querían algo de Él y, sin embargo, se esforzó por pasar tiempos a solas con el Padre. Después de alimentar a los cinco mil en Marcos 6:30-44, "enseguida Jesús hizo que Sus discípulos subieran a la barca y fueran delante de Él al otro lado, a Betsaida, mientras Él despedía a la multitud. Después de despedirse de ellos, se fue al monte a orar" (vv. 45-46).

Enseguida después de haber realizado el milagro de alimentar a cinco mil personas, Jesús ahora hizo el equivalente de cuando un pastor de jóvenes apaga la luz para decirles a los chicos que es hora de irse a casa. ¿Por qué? Porque, aunque era totalmente Dios y totalmente humano, Él necesitaba tiempo de comunión con Su Padre. *A solas.*

Puede que no tengas una montaña a donde huir para encontrar soledad y orar, pero puedes incorporar momentos de soledad a tu vida de otras maneras. Pasé cada vacación de primavera durante la universidad en Daytona Beach, Florida, con un grupo de mi escuela intentando evangelizar a los muchachos que llegaban de vacaciones. Resulta que repartir hamburguesas gratuitas ¡puede abrir la puerta a muchas buenas conversaciones sobre el evangelio! Y, sin embargo, encontrar tiempo para la Palabra y la oración fue un reto para mí en esos viajes, ya que teníamos que despertarnos temprano, acostarnos tarde y prescindir de toda privacidad en una habitación compartida con otros cuatro chicos universitarios. Por lo tanto, cuando necesitaba fortaleza espiritual durante el día, me escapaba a un baño público para una sola persona, cerraba la puerta con llave y oraba.

Susanna Wesley, la madre del evangelista John Wesley y del compositor de himnos Charles Wesley, tuvo una vida increíblemente atareada como ama de casa en el hogar Wesley, el cual incluía diez niños pequeños. Desesperada por buscar estar a solas con el Señor, ella se sentaba en una silla favorita con su Biblia y colocaba su mandil sobre su cabeza. Esto la separaba de manera simbólica de sus hijos y del mundo y, así, le daba privacidad para tener comunión con Dios. ¡Sus hijos pronto aprendieron a no molestar a mamá cuando tenía un mandil sobre la cabeza![11]

11. Ver Jackie Green y Lauren Green-McAfee, "The Praying Example of Susanna Wesley" ["El ejemplo de oración de Susanna Wesley"], FaithGateway, Harper-Collins Christian Publishing, 5 de junio de 2018, www.faithgateway.com/praying -example-susanna-wesley/#.YK5ao5NKiCc.

Táctica 3: Cuando sea posible, planea el lugar

Aunque los verdaderos adoradores pueden orar en cualquier lugar en espíritu y en verdad (ver Juan 4:21-24), algunos ambientes son más conducentes hacia la oración que otros. Es por eso que Jesús aconsejó ir a tu habitación y cerrar la puerta cuando ores (ver Mateo 6:6).

"He tenido algunos de mis tiempos de oración más hermosos y gozosos en mi auto en la mañana durante mi trayecto de cuarenta y cinco minutos al trabajo", me dijo mi hermana Kelly. "Hay algo cuando estás en silencio en un auto, con todas las demás distracciones eliminadas, que hace que tus oraciones fluyan. Siento gozo durante estos tiempos de oración al estar en quietud ante Dios, hablando con Él y escuchando Su voz". Para mí, orar durante mi propio trayecto al trabajo puede o no funcionar. Por lo general me ayuda hacer entrar en calor a mi corazón con la Palabra y con oración antes de salir al trabajo; de otra manera, me cuesta trabajo enfocarme.

No importa si se trata de un auto, de una montaña, de un baño, de una oficina privada, de un mandil o de una silla devocional especial (como vimos en el capítulo 6); el lugar adecuado puede llevar a una gran oración. Encuentra tu lugar (o lugares) ¡y ora!

Táctica 4: Descubre el poder de las oraciones cortas y llenas de fe

Recuerda que Dios no escucha tus oraciones por su longitud ni por la elocuencia de tus palabras; Él las escucha porque eres un hijo Suyo comprado con sangre y porque Él es tu Padre lleno de gracia. Eso significa que Dios escucha tus oraciones si son de diez mil palabras o de una sola. "La verdadera oración se mide por su peso y no por su longitud —escribió Charles Spurgeon—. Un solo gemido delante de Dios puede ser una oración más plena que una elegante disertación de gran duración"[12].

12. Charles Haddon Spurgeon, *Encouraged to Pray: Classic Sermons on Prayer* [Animado a orar: Sermones clásicos sobre la oración] (n.p.: Cross-Points, 2017), 31.

Puede que te sorprenda lo cortas que son muchas de las oraciones en la Biblia. El padrenuestro se puede orar en unos veinte segundos. Las oraciones de Pablo toman desde dos segundos hasta aproximadamente setenta y cinco segundos.[13] Puedes orar la oración de Jabes (ver 1 Crónicas 4:10) y el salmo más corto (Salmo 117) en unos diez segundos o menos.[14] Existen muchos momentos cuando no tenemos la oportunidad de hacer una oración larga. Y está bien. Tu Padre celestial recibe cualquiera. Nehemías "[oró] al Dios del cielo" (Nehemías 2:4) en medio de una importante conversación y, aunque no conocemos el contenido de su corta oración, sí sabemos que Dios la contestó.[15]

He descubierto que es beneficioso hacer una pausa en medio del día para ofrecerle a Dios una oración corta, pero sentida, y confiar en que Él me escucha. Esto le agrega riqueza a mi caminar con Dios de la misma manera en que un mensaje de texto de mi esposa que dice: "Te amo" me recuerda nuestra relación especial.

Mientras disfrutas de un bello atardecer, de una brisa agradable o de algo más en la creación de Dios, acerca tu corazón al de Dios con decir: "¡Gracias!" o "¡Vaya! Eso es increíble". Cuando estés desalentado, ora: "Necesito que me fortalezcas", o simplemente clama: "¡Padre!" o "¡Ayuda!". Nosotros fortalecemos nuestras relaciones todos los días con breves conversaciones por mensaje de texto o en las redes sociales. ¿Por qué rechazaría nuestro Padre celestial cualquier oración breve de un hijo a quien Él ama tanto?[16]

---

13. Su oración más corta está al final de Tito 3:15, y la más larga cubre Colosenses 1:3-14.

14. La oración de Jabes a menudo tiene una mala reputación porque algunos abusan de ella para intentar obtener bendiciones terrenales. Pero yo creo que se puede orarla de acuerdo con el resto de la verdad de las Escrituras... y con grandes beneficios. Después de todo, ¡es Escritura inspirada!

15. Observa también su oración más larga en Nehemías 1:5-11.

16. Sí debemos hacer una salvedad en cuanto a las oraciones cortas: no sustituyen los tiempos de oración más largos y profundos, tal como no solo me comunico con mi esposa mediante mensajes de texto. También necesitamos tiempo para conversaciones más profundas.

A medida que salpicamos nuestras vidas ocupadas con oraciones cortas, pero llenas de fe, crecemos en la voluntad de Dios y aprendemos a "[orar] sin cesar" (1 Tesalonicenses 5:17; ver también v. 18).

Táctica 5: Encadena hábitos con la oración

"Acumulación de hábitos" (*"habit stacking"*) es un término formulado por James Clear para describir una idea sencilla: que la manera más fácil de comenzar un nuevo hábito es encadenarlo con un hábito que ya tienes. De esta manera, el nuevo hábito puede comenzar con el impulso que ya tiene el anterior que ya es automático. La fórmula ridículamente sencilla para encadenar hábitos es: "Después de [HÁBITO ACTUAL], haré [NUEVO HÁBITO]"[17]. Eso es todo. Probablemente ya lo estás haciendo, incluso en cuanto a la oración. Si te detienes para agradecerle a Dios por los alimentos tras sentarte a comer, estás encadenando hábitos. Lo mismo es verdad si oras por tus hijos después de acostarlos o si oras por protección después de cargar tus maletas en el auto para un viaje.

Yo he buscado de manera intencionada maneras para invitar a Dios a mis actividades cotidianas mediante la encadenación de hábitos. Cuando abro una factura, le doy gracias a Dios por proveer el servicio por el que estoy pagando y por darme los recursos para pagarlo. Cuando un amigo me pide oración, oro ahí mismo. Cuando veo un auto de policía pasar con las sirenas encendidas, oro porque prevalezcan la paz, la justicia y la seguridad para todos los involucrados en la emergencia. Antes de comenzar una junta, oro también.

¿Cómo puedes adjuntar la oración a algún hábito existente? Quizás, cuando comiences tu trabajo, puedes orar que el Señor te ayude a trabajar para Su gloria y que bendiga la obra de tus manos.

---

17. James Clear, *Atomic Habits: An Easy & Proven Way to Build Good Habits & Break Bad Ones* (Nueva York: Avery, 2018), 74. Publicado en español como *Hábitos atómicos: Cambios pequeños, resultados extraordinarios*. El apóstol Pablo también practicó esto con la siguiente fórmula: Después de [pensar en los Filipenses], yo [agradeceré a Dios por ellos] (Filipenses 1:3).

Quizás, cuando te bañes, puedes llevar contigo una bolsa sellable con una tarjeta que contenga un versículo en el que puedas meditar y algunas peticiones por las que puedas orar. Quizás, antes de encender el televisor con tu familia, puedan pasar cinco minutos orando juntos.

Las oportunidades para inyectar tu vida con gozo al enfocarte en Dios a través de la oración son, literalmente, infinitas. Quizás hasta descubras —como yo lo hago a menudo— que las oraciones pequeñas que encadeno con hábitos pueden conducir a tiempos más profundos y largos de oración.

Táctica 6: Descansa

La mejor manera de crecer en oración puede no ser planear orar, sino planear descansar. Incluir descansos en nuestra agenda a menudo resulta en paz interior y en energía mental restaurada, tal como reiniciar una computadora la ayuda a funcionar de manera más pareja dado que elimina las telarañas digitales. Tim Keller escribe: "Descansar es de hecho una manera de disfrutar y de honrar lo bueno de la creación de Dios y de nosotros mismos. Violar los ritmos de trabajo y de descanso (en cualquier dirección) conduce al caos en nuestra vida y en el mundo a nuestro alrededor. Por lo tanto, el sábado es una celebración de nuestro diseño"[18].

El teólogo John Stott aprendió pronto en su ministerio a agendar un día al mes como un "día de silencio" que le abría el espacio para orar, leer y planear a largo plazo. Escribió que estos días relajados y de descanso han "traído inmensa bendición a [su] vida y [su] ministerio" y aligeraron la "carga intolerable" de la actividad.[19]

---

18. Tim Keller, "The Power of Deep Rest" ["El poder del descanso profundo"], The Gospel Coalition, 25 de noviembre de 2012, www.thegospelcoalition.org/article/the -power-of-deep-rest/.

19. John Stott, *The Challenge of Preaching* [El reto de la predicación], resumido y actualizado por Greg Scharf (2013; reimp., Grand Rapids: William B. Eerdmans, 2015), 48. Ver también Kevin Halloran, "El sencillo secreto de la productividad espiritual de John Stott", *Coalicion por el Evangelio* (blog), 18 de julio de 2017, www.coalicionporelevangelio.org/articulo/el-sencillo-secreto-de-la-productividad -espiritual-de-john-stott/.

¿Cómo puedes utilizar el descanso para recargar tus baterías espirituales?

¿APRENDIÓ MARTA SU LECCIÓN?

Sabemos poco de la vida de Marta después del incidente con el que iniciamos este capítulo, incluyendo si aprendió o no su lección. Yo creo que sí lo hizo. Si amaba a Jesús, entonces amaba la verdad... incluso la verdad que llega en forma de reprensión.

Imaginemos que han pasado diez años desde que Jesús la reprendió. Jesús ha muerto y resucitado de entre los muertos. (También lo ha hecho el hermano de ella, Lázaro). Jesús también ha ascendido al cielo. (Lázaro no lo ha hecho). Marta, María y Lázaro adoran juntos al Mesías resucitado como parte de la misma iglesia: la Primera Iglesia de la Resurrección en Betania.

Marta se ha ofrecido a invitar a casa a su creciente iglesia para adorar juntos y para comer en el día del Señor... y comienza a estresarse. Simplemente, hay demasiadas cosas que hacer... y esta vez en verdad depende de ella. A medida que considera los siguientes días de ajetreada preparación, comienza a formular estrategias para tener comunión con el Señor y no terminar completamente agotada. "Señor, ¡ayúdame a ser sabia!", ora. Marta sabe que tendrá que posponer o cancelar un par de compromisos, así que lo hace. También planea una mañana relajada para la siguiente semana, en la cual podrá dormir hasta tarde y pasar más tiempo buscando a Dios. A medida que piensa en los días que vienen adelante, se compromete a orar cada vez que el estrés comience a acecharla. Incluso escoge el Salmo 23 como su pasaje lema para meditar durante sus quehaceres y, hasta ahora, le ha producido un gran gozo en su Salvador.

"Padre, gracias por enviar a Jesús —ora—. En lugar de permitir que mi lista de quehaceres me abrume, te entregaré cada paso de las preparaciones y te agradeceré por tu provisión física y espiritual y por darme la energía para servir. Por favor, ayúdame a adorarte a medida que me preparo para esta reunión, e impide que me sienta abrumada. Esta vez, escogeré la mejor parte".

ORACIÓN

Padre, Tú conoces mejor que nadie mi agenda y mi corazón ocupados. Oro que incrementes mi deseo por tener comunión contigo durante el día. Necesito de Tu ayuda para crecer en fe, en disciplina y en intencionalidad en mi caminar contigo. Y, Padre, te agradezco por Tu abundante gracia, por Tu oído atento y porque la eficacia de mis oraciones no se basa en su duración ni en su elocuencia, sino en la verdad de que soy Tu hijo a causa de la obra terminada de Jesús. Por favor, ayúdame a vivir más y más asombrado de Tu gracia extravagante. En el nombre de Jesús, amén.

PREGUNTAS PARA REFLEXIONAR

1. ¿Consideras que estás demasiado ocupado? De ser así, ¿cuál de las razones en este capítulo para la ocupación excesiva aplica más en tu caso?
2. ¿Cómo puedes planear de manera intencionada la oración (en términos de tiempo, de soledad o de ubicación) de aquí en adelante?
3. ¿De qué maneras puedes encadenar hábitos con la oración?
4. ¿Qué tan bien descansas de tu vida ocupada? ¿De qué maneras puede ayudarte a orar el ser más intencionado en descansar?

Conclusión:
La lucha vale la pena

Han pasado varios años desde que comencé a examinar por qué me costaba trabajo orar. Afirmar que ha sido un camino iluminador y gratificante se quedaría corto. Sigo sin ser el mejor orador en el mundo, y a veces sigo luchando con el olvido o con el enfoque o con otros asuntos que hemos explorado en este libro; pero mi aventura me ha equipado para perseverar entre estas luchas y seguir orando, con mis ojos puestos en nuestro Dios lleno de gracia.

Espero que en tu lectura de *Cuando orar es una lucha* Dios te haya ayudado a ver el punto de este libro: que cada cristiano puede experimentar oración más gozosa y efectiva al enfrentar sus luchas con oración perseverante. La meta de hacerlo no es la perfección (¡porque nunca la alcanzaremos!), sino fidelidad y progreso. Y, por la gracia de Dios y con la ayuda de Su iglesia, podemos orar de manera más fiel, dar fruto mediante nuestras oraciones y —lo más importante— crecer en nuestro conocimiento de Dios mismo.

Hemos revisado nueve de las luchas más comunes en la oración:

- El capítulo 1 consideró la lucha fundamental: que olvidamos por qué es importante orar. Nos recordó que oramos porque queremos que el nombre de Dios sea glorificado, que Su reino se extienda, que Su voluntad se cumpla, que Su provisión sea experimentada, que Su perdón sea atesorado y que Su protección sea concedida.

- El capítulo 2 nos mostró que, cuando no sabemos qué decir al orar, existen muchos caminos que podemos tomar para buscar una oración fructífera y concentrada, en especial orar con base en, o en respuesta a, la Palabra de Dios.

- El capítulo 3 aplicó el evangelio a corazones culpables y nos ayudó a ver la culpa como un motivador —no una limitante— a la oración.

- El capítulo 4 exploró por qué nos puede parecer que Dios está callado cuando oramos, y nos animó a confiar en Él y en Sus propósitos eternos.

- El capítulo 5 diagnosticó nuestras motivaciones equivocadas para orar y nos animó a perseverar en la oración, incluso cuando no estamos seguros de nuestras motivaciones.

- El capítulo 6 abordó nuestra falta de enfoque en la oración y sugirió muchas maneras prácticas para luchar contra la distracción.

- El capítulo 7 enseñó que debemos tomar en serio todos los mandamientos de Dios en cuanto a la oración, y también compartió varios métodos para organizar nuestras oraciones e intercesiones y así volverlas más intencionadas y completas.

- El capítulo 8 nos ayudó a ver cómo (y cómo no) luchar contra la ansiedad mediante la oración y cómo disfrutar la paz que Dios les otorga a Sus hijos.

- El capítulo 9 compartió maneras en que podemos buscar vidas de oración cuando nuestras agendas están saturadas.

Ahora, llegamos a las cuatro palabras que de seguro importan más que todas en este libro:

¿Qué harás al respecto?

Mi intención con esta pregunta no es ser legalista ni darte de tablazos, sino darte una advertencia realista. Leer un libro como este sin intentar ponerlo en práctica no es solo una pérdida de tiempo, sino que también revela un corazón frío hacia Dios.

No espero ni que recuerdes ni que practiques todo lo que he cubierto o sugerido en este libro, y Dios tampoco lo espera. Mi recomendación es que pienses en las dos o tres luchas más frecuentes que experimentas en cuanto a la oración y que, entonces, te enfoques en crecer en aquellas áreas. Luego, cuando te enfrentes con alguna de las otras nueve luchas en el futuro, saca este libro del librero y refresca tu memoria sobre cómo avanzar.

Una meta clave que tengo para mi propia oración es simplemente tener una actitud de nunca darme por vencido. Esta actitud viene de una parábola que Jesús relató en Lucas 18. Lucas fue lo suficientemente amable como para introducir esta parábola y compartir el propósito que tiene: "Jesús les contó una parábola para enseñarles que ellos *debían orar en todo tiempo, y no desfallecer*" (v. 1).

> Había en cierta ciudad un juez que ni temía a Dios ni respetaba a hombre alguno. También había en aquella ciudad una viuda, la cual venía a él constantemente, diciendo: "Hágame usted justicia de mi adversario". Por algún tiempo el juez no quiso, pero después dijo para sí: "Aunque ni temo a Dios, ni respeto a hombre alguno, sin embargo, porque esta viuda me molesta, le haré justicia; no sea que por venir continuamente me agote la paciencia". [...] Escuchen lo que dijo el juez injusto. ¿Y no hará Dios justicia a Sus escogidos, que claman a Él día y noche? ¿Se tardará mucho en responderles? Les digo que pronto les hará justicia. No obstante, cuando el Hijo del Hombre venga, ¿hallará fe en la tierra? (vv. 2-8)

El punto de la parábola está en el contraste que presenta. El juez injusto finalmente respondió a la súplica persistente de la viuda porque estaba molesto. Pero Dios el Padre no se molesta con Sus hijos amados, así que podemos confiar en que Él no se tardará en respondernos. Él contestará.

La manera en que Jesús cierra la parábola en el versículo 8 puede parecer no tener relación alguna con el resto: "Cuando el Hijo del Hombre venga, ¿hallará fe en la tierra?". Pero como vimos en la introducción de este libro, la fe es una parte necesaria de la oración verdadera que agrada a Dios. La fe ora y no se da por vencida.

Así que, hermano o hermana en Cristo, no te des por vencido en buscar a Dios por medio de la oración. La vida es corta. La tuya pasará en un abrir y cerrar de ojos. Dios es digno de que lo busques con todo lo que tienes, y vale la pena dar hasta la vida por su evangelio.

¿Perderás la esperanza, u orarás?

Reconocimientos

Siempre he escuchado que crear un libro es un esfuerzo de equipo, y ahora lo sé por experiencia.

Primero, el Dios y Padre de nuestro Señor Jesucristo merece toda la alabanza y la adoración. Él me salvó de mi pecado por Su gracia, me hizo Su hijo y me invita a orar. Él también plantó la semilla de *Cuando orar es una lucha* en mi corazón hace años, respondió docenas (si no cientos o incluso miles) de mis oraciones en el proceso de la creación de este libro y me rodeó del resto de las maravillosas personas que me ayudaron a hacer posible este libro.

En segundo lugar en el orden de importancia está mi hermosa y amorosa esposa, Jazlynn. Gracias por tu amor, fe, paciencia, aliento, sabiduría y amistad que han sido una roca para mí. Espero con ansias continuar profundizando, en todas las áreas de la vida, nuestro amor y nuestra colaboración en el evangelio. Y aunque la pequeña Sadie aún no comprende su contribución a este libro, le agradezco por su paciencia al permitir que su papi escribiera durante aquellas tantas ocasiones cuando parecía más importante jugar o acurrucarnos. Sadie, tú llenas de tanto gozo mi vida. Mi más profundo deseo para ti es que también llegues a conocer y a amar a Jesús. Y Sophie, naciste cuando estaba revisando la traducción de este libro; tengo el mismo deseo más profundo para ti.

Debo agradecer a mis padres por su ejemplo como guerreros fieles de oración, así como a otros miembros de mi familia, amigos y colegas por su aliento y por los comentarios y críticas útiles que contribuyeron a los primeros borradores de este libro. Sus palabras tuvieron más gracia de la que merecía, y fortalecieron mucho este libro.

Gracias al personal de WordPartners. Ustedes me animaron en esta labor y continúan profundizando mi amor por Dios y por Su palabra a través de la visión bíblica que tienen del ministerio y a través de su humildad, su enfoque en Dios y su amor unos por otros. Fue un privilegio tremendo servir a Dios y a Su reino junto con ustedes.

Gracias a The Orchard Evangelical Free Church por su compromiso a orar, a cantar y a predicar la Palabra de Dios; y al pastor Colin Smith, cuyas huellas dactilares teológicas se encuentran en todo este libro... y en mi vida. También quisiera agradecer al equipo de Open the Bible, por su aliento continuo, y a todos los que participaron en las encuestas informales en mi blog, *Anclado en Cristo* (ancladoencristo.org), las cuales ayudaron a moldear este libro.

Y, finalmente, un gran agradecimiento a Dave Almack y a todo el equipo de P&R Publishing por su ánimo, por su duro trabajo y por creer en esta idea.

Pero ciertamente Dios me ha oído;
Él atendió a la voz de mi oración. (Salmo 66:19)

Kevin Halloran
Soli Deo Gloria

Apéndice:
Oraciones selectas de las Escrituras

Una de las mejores maneras de orar es con una Biblia abierta. Este apéndice comparte algunos puntos de partida útiles para orar las Escrituras.

SALMOS SELECTOS POR TEMA O POR SITUACIÓN

Salmos para la ansiedad, el temor y la depresión
23; 27; 34; 42; 43; 46; 55; 56; 61; 62; 91

Salmos de consuelo
16; 23; 116; 119

Salmos de confesión y de arrepentimiento
32, 38, 51

Salmos de liberación y de protección
5; 6; 7; 31; 34; 35; 40; 41; 55; 59; 60; 91; 116; 121; 140; 142

Salmos de fe y de confianza
31; 62; 118; 125; 130; 143

Salmos generales de alabanza y de adoración
29; 93; 95; 96; 100; 103; 107; 111; 115; 117; 135; 136; 139; 145; 150

Salmos sobre la Palabra de Dios
1; 19; 119

Salmos de dirección
23; 25; 86; 143

Salmos de lamentación
5; 12; 13; 22; 31; 42; 51; 74; 80; 88

Salmos de alabanza a Dios por la creación
8; 19; 33; 104; 148

Salmos de fortaleza
28; 46; 63; 73; 89; 105; 118

Salmos de acción de gracias
9; 28; 30; 69; 92; 95; 100; 105; 107; 118; 136; 138; 147

Salmos para cuando los malvados prosperan
2; 10; 37; 49; 73

ORACIONES SELECTAS DEL APÓSTOL PABLO POR TEMA

Podemos utilizar las siguientes oraciones del apóstol Pablo para moldear e inspirar las nuestras.

Conocer y alabar a Dios

Efesios 1:15-23
Efesios 3:14-21
Colosenses 1:3-14
1 Timoteo 1:17

Crecimiento espiritual

Romanos 15:5-6
Romanos 15:13
1 Corintios 1:4-9
2 Corintios 1:3-11
2 Corintios 13:7-9
2 Corintios 13:14
Filipenses 1:3-6
Filipenses 1:9-11
Filipenses 4:6-7
1 Tesalonicenses 1:2-3
1 Tesalonicenses 2:13-16
1 Tesalonicenses 3:9-13
1 Tesalonicenses 5:23-24
2 Tesalonicenses 1:3-4
2 Tesalonicenses 1:11-12
2 Tesalonicenses 2:16-17
2 Tesalonicenses 3:16

Ministerio evangelístico

Romanos 15:30-33
2 Corintios 2:14-16
2 Corintios 9:12-15
Efesios 6:18-20
Colosenses 4:2-4
2 Tesalonicenses 3:1-5
1 Timoteo 2:1-6
Filemón 4-7

Recursos sugeridos para profundizar en la oración

Boa, Kenneth. *Face to Face* [Cara a cara]. 2 vols. Grand Rapids: Zondervan, 1997. [Boa desmenuza las Escrituras para la oración y la adoración diarias].

Calvino, Juan. *The Chief Exercise of Faith: John Calvin on Prayer* [El mayor ejercicio de la fe: Juan Calvino en cuanto a la oración]. Traducido por Henry Beveridge. N.p.: Cross-Points, 2018. [Un volumen independiente que consiste en el capítulo de *Institutes of the Christian Religion* [Institución de la religión cristiana] en el cual Calvino ofrece un tratado a detalle sobre la oración que es teológico, práctico, corto y bastante comprensible. Es por eso que hombres como J. I. Packer, R. C. Sproul y Tim Keller han expresado un gran aprecio por él].

Carson, D. A. *Praying with Paul: A Call to Spiritual Reformation* [Orar con Pablo: Un llamado a la reforma espiritual]. Grand Rapids: Baker Academic, 2015. [Un teólogo reconocido con corazón de pastor recorre enseñando de manera magistral las oraciones del gran apóstol. Este libro cuenta con mi más grande recomendación].

Guthrie, Nancy. *The One Year Praying through the Bible for Your Kids* [Orar la Biblia por sus hijos en un año]. Carol Stream, IL: Tyndale Momentum, 2016. [Una guía útil para padres sobre cómo orar por sus hijos].

Hunter, W. Bingham. *The God Who Hears* [El Dios que escucha]. Downers Grove, IL: IVP Books, 1986. [Un exprofesor de seminario desmenuza de manera accesible, práctica e inspiradora por qué Dios quiere que oremos].

Luther, Martin. *A Simple Way to Pray*. Louisville: Westminster John Knox Press, 2000. Reimp., St. Louis: Concordia Publishing House, 2012. Publicado en español como *Una manera sencilla de orar*. [Lutero escribió este libro corto e inmensamente práctico para su peluquero, quien deseaba instrucciones sobre cómo orar. Estas treinta páginas harán más por tu vida de oración que la mayoría de los libros de tamaño completo. Busca en internet alguna versión digital gratuita].

Miller, Paul E. *A Praying Life: Connecting with God in a Distracting World*. ed. rev. Colorado Springs: NavPress, 2017. Publicado en español como *Una vida de oración: Conectándose con Dios en un mundo lleno de distracciones*. [Un clásico moderno que te ayudará a invitar a Dios a la cotidianeidad y a las dificultades de la vida. No conozco un libro que calentará más tu corazón para orar que este].

Patterson, Ben. *God's Prayer Book: The Power and Pleasure of Praying the Psalms* [El libro de oración de Dios: El poder y el placer de orar los Salmos]. Carol Stream, IL: SaltRiver, 2008. [Patterson brinda una enseñanza profunda en la introducción del libro y pasa el resto del libro desmenuzando la manera en que algunos salmos selectos pueden inspirarnos a orar. Esta es mi recomendación principal para alguien que quiere un modelo a seguir para orar los Salmos].

Spurgeon, Charles Haddon. *Encouraged to Pray: Classic Sermons on Prayer* [Animado a orar: Sermones clásicos sobre la oración]. N.p.: Cross-Points, 2017. [Un libro sustancioso, profundo, radicalmente bíblico y conciso. Exactamente lo que esperarías del Príncipe de los predicadores].

Wax, Trevin. *Psalms in 30 Days: A Prayer Guide through the Psalter* [Los Salmos en 30 días: Una guía de oración para el salterio]. Nashville: Holman Bible Publishers, 2020. [Wax recorre tres salmos al día en un patrón de mañana, mediodía y noche, y comparte oraciones de otros creyentes fieles. Un gran recurso para darle estructura a tu oración].

Westlund, Kathi Lambrides. *Prayer PathWay: Journeying in a Life of Prayer* [Un camino de oración: Viaje por una vida de oración]. Phillipsburg, NJ: P&R Publishing, 2016. [Westlund ofrece tanto una guía práctica sobre orar las Escrituras como un espacio para escribir un diario].

Whitney, Donald S. *Praying the Bible*. Wheaton, IL: Crossway, 2015. Publicado en español como *Orando la Biblia*. [Este corto libro por Whitney explora un método sencillo y poderoso de utilizar las Escrituras para guiar tus oraciones].

———. *Spiritual Disciplines for the Christian Life*. ed. rev. y act. Colorado Springs: NavPress, 2014. Publicado en español como *Disciplinas espirituales para la vida cristiana*. [Este libro proporciona una mirada profunda e inspiradora al qué, por qué y cómo de buscar a Dios mediante la oración y otras disciplinas espirituales].

RECURSOS SUGERIDOS SOBRE TEMAS DE ESPECIALIDAD

DeYoung, Kevin. *Crazy Busy: A (Mercifully) Short Book about a (Really) Big Problem*. Wheaton, IL: Crossway, 2013. Publicado en español como *Súper ocupados: Un libro pequeño sobre un problema grande*. [DeYoung diagnostica nuestra ocupación excesiva y capta la atención de nuestros corazones con las Escrituras de manera ingeniosa].

Hansen, Collin, y John Woodbridge. *A God-Sized Vision: Revival Stories That Stretch and Stir* [Una visión tamaño Dios: Historias de avivamiento que nos retan y conmueven]. Grand Rapids: Zondervan, 2010. [Hansen, periodista, y Woodbridge, profesor de Historia de la Iglesia (así como exprofesor mío), documentan siete avivamientos históricos a lo largo de cuatro continentes. Leer este libro ampliará tu visión de las maneras en que Dios ha utilizado la oración para obrar a gran escala].

Mandryk, Jason. *Operation World: The Definitive Prayer Guide to Every Nation* [Operación mundo: La guía definitive de oración para toda nación]. 7.ª ed. Reimp., Downers Grove, IL: IVP Books, 2010. [Esta referencia de mil páginas te enseñará a orar de manera específica por cada nación en el mundo. Existe una versión abreviada, titulada *Pray for the World* [Ora por el mundo], publicada en 2015].

Piper, John. *A Hunger for God: Desiring God through Fasting and Prayer.* Reimp., Wheaton, IL: Crossway, 2013. [El mejor libro sobre el ayuno que conozco. Publicado en español como *Hambre de Dios: Cómo desear a Dios por medio de la oración y el ayuno.* Obtén el PDF gratuito en inglés en www .desiringGod.org/books/a-hunger-for-god].

Reinke, Tony. *12 Ways Your Phone Is Changing You.* Wheaton, IL: Crossway, 2017. Publicado en español como *Hechizo digital: 12 maneras en las que tu dispositivo te está cambiando.* [Si siempre estás con tu celular y en las redes sociales, este libro te desafiará y te ayudará a pensar sobre la tecnología desde una perspectiva bíblica].

Tautges, Paul. *Anxiety: Knowing God's Peace* [Ansiedad: Conocer la paz de Dios]. 31-Day Devotionals for Life. Phillipsburg, NJ: P&R Publishing, 2019. [Tautges guía a los lectores a que utilicen la verdad de las Escrituras para luchar contra la ansiedad].

LIBROS DE ORACIONES RECOMENDADOS

Bennett, Arthur, ed. *The Valley of Vision: A Collection of Puritan*

Prayers and Devotions. Edimburgo: Banner of Truth Trust, 1975. Publicado en español como *El valle de la visión.* [Este adorado clásico les permite a los lectores orar oraciones ricas y centradas en el evangelio junto con los santos de antaño, como John Bunyan, Thomas Watson, Charles Spurgeon, Isaac Watts y otros].

Duguid, Barbara R., y Wayne Duguid Houk. *Prone to Wander: Prayers of Confession and Celebration* [Propensos a vagar: Oraciones de confesión y celebración]. Editado por Iain M. Duguid. Phillipsburg, NJ: P&R Publishing, 2014. [Inspirado por *The Valley of Vision,* este libro ofrece oraciones de confesión que celebran el evangelio].

Henry, Matthew. *A Method for Prayer: Freedom in the Face of God* [Un método para la oración: La libertad ante Dios]. Editado y revisado por J. Ligon Duncan III. Fearn, UK: Christian Focus Publications, 1994. [Ligon Duncan actualizó el lenguaje de este clásico para hacerlo más accesible para lectores modernos. Cada página está saturada de oraciones que conmoverán tu corazón. Es tan sustancioso que ¡me cuesta trabajo leer más de una página a la vez!].

Smith, Scotty. *Everyday Prayers: 365 Days to a Gospel-Centered Faith.* Grand Rapids: Baker Books, 2011. [Ora oraciones bíblicas y honestas junto con el pastor Scotty Smith en este volumen que comparte oraciones que originalmente fueron publicadas en el blog de Smith, el cual ha sido descrito como "un tutorial para una oración centrada en el evangelio"].

También vale mucho la pena consultar *The Book of Common Prayer* (*El libro de oración común*), el cual ha sido una constante para generaciones tanto de anglicanos como de otros creyentes. Este recurso guía a los lectores a través de oraciones y porciones de las Escrituras para muchas ocasiones.

Kevin P. Halloran sirve en Abre la Biblia (OpentheBible.org/es). Le encanta enseñar la Palabra de Dios y tiene una pasión por Latinoamérica, ya que ha ministrado en la República Dominicana, en México y en Ecuador, donde aprendió español. Vive cerca de Chicago, Illinois, con su esposa Jazlynn y dos hijas. Conéctate con Kevin en ancladoencristo.org.

Otros títulos en español de P&R Publishing

¿Se ha estancado tu crecimiento espiritual? Bigney te muestra cómo reconocer y desarraigar los ídolos ocultos en tu vida, ídolos que lastiman a otros y obstaculizan tu caminar con Cristo.

"No hay en el mercado un recurso tan claro, relevante y teológicamente correcto como este libro para explicar la esperanza del evangelio contra nuestras tendencias naturales hacia la idolatría".
—**Kike Torres**, pastor líder, Horizonte y La Carpa, Querétaro, México

"Este es uno de los mejores libros que he leído acerca de este tema: claro, bíblico, práctico, convincente y estimulante".
—**Miguel Núñez**, pastor titular, Iglesia Bautista Internacional, Santo Domingo, República Dominicana

Otros títulos en español de P&R Publishing

Ya sea que experimente una preocupación persistente o un pánico debilitante, la Palabra de Dios le ofrece esperanza y ayuda. En este devocional de 31 días, el pastor y consejero bíblico Paul Tautges profundiza con gentileza en el corazón del miedo y la incredulidad con lecturas diarias, preguntas de reflexión y aplicaciones prácticas para alimentar la fe que fortalece la seguridad y la paz interior.

"Una de cada cinco personas sufre de ansiedad crónica. Aún más experimentan episodios de ansiedad. Este devocional diario de un mes ofrece sabiduría bíblica para este problema común. Paul Tautges, un respetado pastor y consejero, cuenta con la experiencia y el enfoque en el evangelio para ayudar al que sufre de ansiedad. Describe la naturaleza de la ansiedad y trae el poder del evangelio y el consuelo del Salvador para enfrentar el problema. Esta es ayuda práctica y accesible para aquellos que sufren de ansiedad".
—**Tedd Tripp**, Pastor; Autor; Conferencista